Archana et autres prières en sanskrit

Mata Amritanandamayi Center
San Ramon, Californie, États-Unis

Archana et autres prières en sanskrit

Publié par :
Mata Amritanandamayi Center,
P.O. Box 613, San Ramon, CA 94583-0613, États-Unis

International :
www.amma.org inform@amritapuri.org

France :
Ferme du Plessis, 28190 Pontgouin
www.ammafrance.org

tyāgenaike amṛtatvamānaśuḥ

C'est par le renoncement seul que l'on obtient l'immortalité.

Kaivalya Upaniṣad

Table des matières

Bienfaits de l’archana

La récitation quotidienne du Lalita Sahasranama est faite dans l’intention d’apporter la prospérité à la famille et la paix au monde. Il s’agit selon la tradition d’un outil puissant qui permet de réduire les effets karmiques de nos actions passées. La récitation améliore en outre notre concentration et nous aide ainsi à approfondir notre dévotion et nos pratiques spirituelles. Parmi les bienfaits de la récitation des 1000 noms de Sri Lalita Parameshwari, on compte aussi la diminution du stress physique, mental et émotionnel, l’amélioration de la santé et l’augmentation de la durée de la vie. La récitation non seulement purifie le récitant mais elle nettoie aussi l’atmosphère. On dit que Devi protège ceux qui récitent chaque jour le Lalita Sahasranama avec dévotion et qu’ils ne manqueront jamais ni de nourriture ni du nécessaire.

6

Mānasa pūjā

Instructions d'Amma pour adorer notre divinité d'élection pendant la méditation

Asseyez-vous dans une posture confortable et prenez conscience de la paix intérieure profonde. Respirez lentement, profondément et consciemment pendant 2 ou 3 minutes. Les yeux fermés, entonnez trois fois la syllabe Aum. Imaginez que le son Aum monte du nombril jusqu'au *sahasrara* (le *chakra* du sommet de la tête). Imaginez aussi que les tendances négatives et les mauvaises pensées que vous pourriez avoir vous quittent. Puis, en priant « Amma, Amma » avec dévotion, amour et en versant des larmes d'intense désir, imaginez la Mère divine devant vous, souriant et vous regardant avec compassion. Pendant une minute, savourez la beauté exquise de Mère, visualisant chaque partie de sa forme divine. Prosternez-vous aux pieds de lotus de la Mère divine, sentez le contact de ses pieds sacrés sur votre front. Priez ainsi : « Ô Mère, je prends refuge en Toi. Tu es la seule Vérité et le seul soutien durable pour moi. Toi seule peux me donner la paix et la joie véritables. Ne m'abandonne jamais, ne me quitte jamais ! »

Visualisez ensuite la forme resplendissante de Devi à l'intérieur de vos paumes. Des rayons de compassion émanant des yeux de Devi vous enveloppent. Passez les paumes sur votre visage puis sur tout le reste de votre corps, de haut en bas, sentez que vous êtes imprégné d'énergie divine et ayez le sentiment que tous les malheurs, tout ce qui est défavorable est écarté.

Pendant cette adoration, répétez constamment en remuant les lèvres sans émettre de son : « Amma, Amma, Amma, ne me quitte pas, ne m'abandonne pas ! »

Imaginez maintenant que vous donnez le bain à la Mère divine. Tout en versant de l'eau sur la tête de Mère, regardez-la s'écouler sur chaque partie de son corps jusqu'aux pieds. Puis, faites des ablutions avec du lait, du *ghee*, du miel, de la pâte de santal, de l'eau de rose. A chaque offrande, appréciez la beauté de Sa forme. Imaginez qu'à travers ce rituel, c'est votre propre mental purifié que vous offrez à la Mère divine.

Puis, faites des ablutions avec de la cendre sacrée *(vibhuti)*. Observez comment elle arrive lentement jusqu'aux pieds de Mère. Puis répandez en offrande une pluie de fleurs sur la tête de Mère. Prenez une belle serviette et essuyez Son visage et Son corps. Parez-La d'un magnifique sari comme si Elle était votre enfant. Priez : « Ô Mère, je T'en prie, viens dans mon cœur. Je ne peux suivre le droit chemin que si Tu demeures dans mon cœur ! »

Parfumez Devi. Parez-La de bijoux : boucles d'oreilles, collier, ceinture, bracelets de cheville et autres ornements. Appliquez du *kumkum* (safran) sur Son front. Posez une couronne ornée de joyaux sur Sa tête et mettez-Lui une guirlande. Savourez avec bonheur la beauté incomparable de Mère en La contemplant de la tête aux pieds, puis des pieds à la tête. Comme le ferait un enfant, parlez à Mère de toutes sortes de choses. Priez : « Ô Mère, Tu es Amour pur. Je suis trop impur pour mériter Ta Grâce. Je sais que mon égoïsme est repoussant. Malgré cela, sois néanmoins indulgente avec moi. Mère, je T'en prie, sois avec moi. Tu es la rivière la plus pure. Je suis une mare d'eau stagnante, sale et boueuse. Coule à travers moi et purifie-moi en fermant les yeux sur mes faiblesses et en pardonnant mes fautes. »

Avec de la pâte de santal, écrivez OM sur les pieds de Mère. Offrez des fleurs à trois reprises. Ensuite, après avoir récité le 'Dhyana sloka' en vous intériorisant, entamez la récitation du Sahasranamavali en commençant par *Om sri matre namah* (si vous récitez en groupe, répondez à chaque mantra par *Om Parashaktyai namah*). En récitant chaque Nom, imaginez que vous cueillez une fleur de votre cœur et l'offrez mentalement aux pieds de Mère (la fleur symbolise votre cœur pur). Après avoir récité les mille Noms, restez quelques minutes assis en silence, imaginant que les vibrations divines se répandent dans tout votre être. Offrez ensuite de vos propres mains du pudding sucré à Mère en imaginant qu'Elle le savoure. La véritable offrande de nourriture (*naivedya*) est votre pur amour pour Mère. Si vous savez chanter, offrez-Lui un chant et imaginez que Mère danse en l'écoutant. Dansez avec Elle. Soudain, au milieu de la danse, Elle vous quitte en courant. Suivez-La jusqu'à ce que vous L'attrapiez. Dites-Lui en pleurant : « Ô Mère, pourquoi m'abandonnes-Tu ? Pourquoi permets-Tu que je périsse dans cette forêt du *samsara* ? Je brûle dans le feu des désirs du monde. Viens, élève-moi et sauve-moi. » Mère s'arrête alors de courir et vous appelle en vous ouvrant les bras. Courez vers Elle et étreignez-La. Asseyez-vous sur Ses genoux. Prenez toute liberté avec Elle, comme un enfant avec sa mère. Caressez son corps et Ses pieds de lotus, tressez Ses cheveux, etc. Demandez à Mère de ne plus jamais vous taquiner ainsi. Confiez-Lui tous vos chagrins et toutes vos peurs. Dites à Mère que vous ne Lui permettrez plus jamais de vous quitter. Priez : « Ô Mère, je m'offre à Tes pieds de lotus. Fais de moi l'instrument idéal de Ta volonté. Je ne désire rien de ce monde. Mon seul désir est de contempler Ta forme divine et d'être en Ta compagnie. Donne-moi des yeux qui ne voient rien d'autre que Ta beauté, donne-moi un mental qui ne se délecte que de Toi. Que Ta volonté soit ma volonté, que Tes pensées soient mes pensées, que Tes paroles soient mes paroles. Quoi que je fasse, même manger et dormir, que toutes mes actions n'aient qu'un seul but : celui de me fondre en Toi. Permets-moi d'être aussi désintéressé et empli d'amour que Toi. ». En parlant et en priant constamment ainsi, fixez votre esprit sur la forme de la Mère divine.

Décrivez des cercles avec du camphre enflammé devant Mère qui vous regarde en souriant, les yeux débordant de compassion. Imaginez que vous Lui offrez vos bonnes et vos mauvaises qualités, que vous Lui faites le don total de votre être.

Faites *pradakshina* (rituel qui consiste à faire trois fois le tour de la divinité) et prosternez-vous aux pieds de Mère en priant dans votre cœur : « Ô Mère de l'univers, Tu es mon seul refuge. Je m'abandonne à Toi. »

Psalmodiez les mantras de paix : *asatoma sadgamaya*, *lokah samastah sukhino bhavantu* et *purnamada purnamidam*. Visualisez Mère, le cœur rempli de paix et de contentement, prosternez-vous devant Elle et devant l'endroit où vous étiez assis. Terminez ainsi la *pūjā*. Si possible, méditez encore quelque temps sur Sa forme.

Om paix, paix, paix !

Mātā Amṛtānandamayi Aṣṭottara Śata Nāmāvali

Les cent huit noms de Mata Amritanandamayi

Dhyāna Śloka

dhyāyāmo dhavalāvaguṇṭhanavatīṁ
tejomayīm naiṣṭhikīṁ
snigdhāpāṅga vilokinīm bhagavatīṁ
mandasmita śrī mukhīṁ
vātsalyāmṛta varṣiṇīm sumadhuraṁ
saṅkīrttanālāpinīṁ
śyāmāṅgīṁ madhu sikta sūktīṁ
amṛtānandātmikāmīśvarīṁ

Nous méditons sur (Mata Amritanandamayi), vêtue de blanc immaculé, resplendissante, à jamais établie dans la Vérité, dont les regards bienveillants rayonnent d'un amour qui lie tous les cœurs, dont le visage divin est illuminé d'un sourire doux et gracieux, qui répand constamment sur tous les êtres le nectar de l'affection, qui chante la gloire de Dieu avec une grande douceur, dont le teint brillant a la couleur des nuages de pluie, dont les paroles sont enrobées de miel, qui est l'Incarnation de la Béatitude Immortelle et qui est la Déesse suprême Elle-même.

1. **Oṁ pūrṇa brahma svarūpiṇyai namaḥ**
   Salutations à la manifestation complète de la Vérité absolue (Brahman).
2. **Oṁ saccidānanda mūrtaye namaḥ**
   Salutations à Toi, Être, Connaissance et Béatitude incarnées.
3. **Oṁ ātmā rāmāgragaṇyāyai namaḥ**
   Salutations à Toi, suprême parmi ceux qui sont établis dans le Soi.
4. **Oṁ yoga līnāntarātmane namaḥ**
   Salutations à Toi dont l'être intérieur s'est fondu en Brahman.
5. **Oṁ antar mukha svabhāvāyai namaḥ**
   Salutations à Toi qui, par nature, est tournée vers l'intérieur.
6. **Oṁ turya tuṅga sthalījjuṣe namaḥ**
   Salutations à Toi, établie dans l'état de conscience qui transcende tout, appelé *turya*.
7. **Oṁ prabhā maṇḍala vītāyai namaḥ**
   Salutations à Toi, nimbée de Lumière divine.

8. **Oṁ durāsada mahaujase namaḥ**
Salutations à Toi dont la grandeur est insurpassable.

9. **Oṁ tyakta dig vastu kālādi sarvāvacceda rāśaye namaḥ**
Salutations à Toi qui as transcendé les limitations que constituent l'espace, la matière et le temps.

10. **Oṁ sajātīya vijātīya svīya bheda nirākṛte namaḥ**
Salutations à Toi qui as transcendé toutes les différences.

11. **Oṁ vāṇī buddhi vimṛgyāyai namaḥ**
Salutations à Toi que la parole et l'intellect sont incapables de saisir.

12. **Oṁ śaśvad avyakta vartmane namaḥ**
Salutations à Toi dont la voie reste éternellement indéfinie.

13. **Oṁ nāma rūpādi śūnyāyai namaḥ**
Salutations à Toi qui n'as ni nom ni forme.

14. **Oṁ śūnya kalpa vibhūtaye namaḥ**
Salutations à toi pour qui les pouvoirs yogiques n'ont aucune importance.

15. Oṁ ṣaḍaiśvarya samudrāyai namaḥ
Salutations à Toi qui possèdes les signes propices des six qualités divines : l'opulence, la vaillance, la gloire, le caractère propice, la connaissance et le détachement.

16. Oṁ dūrī kṛta ṣaḍ ūrmaye namaḥ
Salutations à Toi qui n'es soumise à aucune des modifications de la vie : la naissance, l'existence, la croissance, l'évolution, la dégénérescence et la destruction.

17. Oṁ nitya prabuddha saṁśuddha nirmuktātma prabhāmuce namaḥ
Salutations à Toi qui rayonnes de la lumière du Soi, éternelle, consciente, pure et libre.

18. Oṁ kāruṇyākula cittāyai namaḥ
Salutations à Toi dont le cœur est plein de compassion.

19. Oṁ tyakta yoga suṣuptaye namaḥ
Salutations à Toi qui as renoncé au sommeil yogique.

20. Oṁ kerala kṣmāvatīrṇāyai namaḥ
Salutations à Toi qui T'es incarnée dans le Kerala.

21. Oṁ mānuṣa strī vapurbhṛte namaḥ
Salutations à Toi qui as pris un corps féminin.

22. Oṁ dharmiṣṭha suguṇānanda damayantī svayaṁ bhuve namaḥ
Salutations à Toi qui, de Ta propre volonté, T'es incarnée comme la fille des vertueux Sugunananda et Damayanti.

23. Oṁ mātā pitṛ cirācīrṇa puṇya pūra phalātmane namaḥ
Salutations à Toi dont ils ont pu être les parents grâce à toutes les actions vertueuses qu'ils avaient accomplies au cours de nombreuses vies.

24. Oṁ niśśabda jananī garbha nirgamādbhuta karmaṇe namaḥ
Salutations à Toi qui accomplis le miracle de rester silencieuse lorsque Tu sortis du ventre de Ta mère.

25. Oṁ kālī śrī kṛṣṇa saṅkāśa komala śyāmala tviṣe namaḥ

Salutations à Toi dont le beau teint sombre évoque Kali et Krishna.

26. **Oṁ cira naṣṭa punar labdha bhārgava kṣetra sampade namaḥ**
Salutations à Toi, la richesse du Kerala, perdue pendant longtemps et maintenant retrouvée.

27. **Oṁ mṛta prāya bhṛgu kṣetra punar uddhita tejase namaḥ**
Salutations à Toi, la vie du Kerala qui se mourait et qui est maintenant ressuscité.

28. **Oṁ sauśīlyādi guṇākṛṣṭa jaṅgama sthāvarālaye namaḥ**
Salutations à Toi qui attires toute la création par tes nobles qualités et tes actions bénéfiques.

29. **Oṁ manuṣya mṛga pakṣyādi sarvasaṁsevitāṅghraye namaḥ**
Salutations à Toi dont les pieds sont adorés par les humains, les animaux, les oiseaux et tous les autres êtres.

30. **Oṁ naisargika dayā tīrtha snāna klinnāntar' ātmane namaḥ**
Salutations à Toi dont le Soi est toujours plongé dans la rivière de la miséricorde.

31. **Oṁ daridra janatā hasta samarpita nijāndhase namaḥ**

Salutations à Toi qui offris Ta propre nourriture aux pauvres.

32. **Oṁ anya vaktra pra bhuktānna pūrita svīya kukṣaye namaḥ**
Salutations à Toi qui es rassasiée quand les autres ont leur repas.

33. **Oṁ samprāpta sarva bhūtātma svātma sattānubhūtaye namaḥ**
Salutations à Toi qui es consciente que Ton être et celui de tous les êtres ne font qu'un.

34. **Oṁ aśikṣita svayam svānta sphurat kṛṣṇa vibhūtaye namaḥ**
Salutations à Toi en qui se manifestèrent spontanément les qualités divines de Krishna.

35. **Oṁ acchinna madhurodāra kṛṣṇa līlānusandhaye namaḥ**
Salutations à Toi qui méditais constamment sur les jeux si doux de l'enfant Krishna.

36. **Oṁ nandātmaja mukhāloka nityotkaṇṭhita cetase namaḥ**
Salutations à Toi qui aspirais intensément à voir le visage du fils de Nanda (Krishna).

37. Oṁ govinda viprayogādhi dāva dagdhāntarātmane namaḥ
Salutations à Toi dont l'esprit se consumait dans le feu de la douleur d'être séparée de Govinda (Krishna).

38. Oṁ viyoga śoka sammūrcchā muhur patita varṣmaṇe namaḥ
Salutations à Toi que la douleur d'être séparée de Krishna rendait souvent inconsciente.

39. Oṁ sārameyādi vihita śuśrūṣā labdha buddhaye namaḥ
Salutations à Toi qui reprenais conscience grâce aux soins prodigués par les chiens et autres animaux.

40. Oṁ prema bhakti balākṛṣṭa prādur bhāvita śārṅgiṇe namaḥ
Salutations à Toi dont la suprême dévotion amena Krishna à se manifester.

41. Oṁ kṛṣṇa loka mahāhlāda dhvasta śokāntar'ātmane namaḥ
Salutations à Toi dont l'esprit fut délivré de sa souffrance par l'immense joie de la vision de Krishna.

42. Oṁ kāñcī candraka manjīra vaṁśī śobhi svabhū dṛśe namaḥ

Salutations à Toi qui eus la vision de la forme rayonnante de Krishna paré de ceintures, de bracelets de chevilles, d'une plume de paon et tenant la flûte.

43. **Oṁ sārvatrika hṛṣīkeśa sānnidhya laharī spṛśe namaḥ**
Salutations à Toi qui sentis la présence universelle de Rishikesh (maître de tous les sens, Krishna).

44. **Oṁ susmera tan mukhāloka vi smerotphulla dṛṣṭaye namaḥ**
Salutations à Toi dont les yeux s'écarquillèrent de joie en contemplant le visage souriant de Krishna.

45. **Oṁ tat kānti yamunā sparśa hṛṣṭa roṁāṅga yaṣṭaye namaḥ**
Tes cheveux se dressèrent sur Ta tête quand Tu touchas la rivière de sa beauté, salutations à Toi.

46. **Oṁ apratīkṣita saṁprāpta devī rūpopalabdhaye namaḥ**
Salutations à Toi qui eus une vision inattendue de la Mère divine.

47. **Oṁ pāṇī padma svapadvīṇā śobhamān'āṁbikādṛśe namaḥ**
Salutations à Toi qui eus la vision de la Mère divine tenant la *vina*.

48. Oṁ devī sadyas tirodhāna tāpa vyathita cetase namaḥ
Salutations à Toi dont le cœur brûla après la disparition soudaine de la Mère divine.

49. Oṁ dīna rodana nir ghoṣa dīrṇa dikkarṇa vartmane namaḥ
Salutations à Toi dont la douleur déchirait les oreilles aux quatre points cardinaux.

50. Oṁ tyaktānna pāna nidrādi sarva daihika dharmaṇe namaḥ
Salutations à Toi qui renonças à toute activité physique telle que manger, boire, dormir.

51. Oṁ kurarādi samānīta bhakṣya poṣita varṣmaṇe namaḥ
Salutations à Toi dont le corps fut nourri par les offrandes des animaux.

52. Oṁ vīṇā niṣyanti saṅgīta lālita śruti nālaye namaḥ
Salutations à Toi dont les oreilles furent charmées par les douces mélodies émanant de la *vina* de la Mère divine.

53. Oṁ apāra paramānanda laharī magna cetase namaḥ

Salutations à Toi dont l'esprit était plongé dans la béatitude enivrante, infinie et suprême.

54. Oṁ caṇḍikā bhīkarākāra darśanālabdha śarmaṇe namaḥ
Salutations à Toi dont l'esprit fut rempli de paix par la vision de la forme terrible de la Mère divine Chandika.

55. Oṁ śānta rūpāmṛtajharī pāraṇā nirvṛtātmane namaḥ
Salutations à Toi qui fus submergée par l'extase en buvant le nectar de la Mère divine sous son aspect plein de béatitude.

56. Oṁ śāradā smārakāśeṣa svabhāva guṇa saṁpade namaḥ
Salutations à Toi dont la nature et les qualités nous rappellent Sarada Devi.

57. Oṁ prati bimbita cāndreya śāradobhaya mūrtaye namaḥ
Salutations à Toi en qui se reflètent les formes de Sri Sarada Devi et de Sri Ramakrishna.

58. Oṁ tannāṭakābhinayana nitya raṅgayitātmane namaḥ
Salutations à Toi en qui nous pouvons voir se rejouer le jeu de ces deux êtres.

59. Oṁ cāndreyā śāradā kelī kallolita sudhābdhaye namaḥ
Salutations à Toi, l'Océan d'ambroisie dans lequel surgissent les vagues des différents jeux de ces deux êtres.

60. Oṁ uttejita bhṛgu kṣetra daiva caitanya raṁhase namaḥ
Salutations à Toi qui as augmenté le potentiel divin du Kerala.

61. Oṁ bhūyaḥ pratyavaruddhārṣa divya saṁskāra rāśaye namaḥ
Salutations à Toi qui as établi les valeurs divines et éternelles énoncées par les *rishis* (sages des temps védiques).

62. Oṁ aprākṛtāt bhūtānanda kalyāṇa guṇa sindhave namaḥ
Salutations à Toi, Océan de qualités divines naturelles, merveilleuses et infinies.

63. Oṁ aiśvarya vīrya kīrti śrī jñāna vairāgya veśmaṇe namaḥ
Salutations à Toi, Incarnation de la souveraineté, de la vaillance, de la gloire, de ce qui est propice, de la connaissance et du détachement (six caractéristiques d'une personnalité divine).

64. Oṁ upātta bāla gopāla veṣa bhūṣā vibhūtaye namaḥ
Salutations à Toi qui as pris la forme et les qualités de l'enfant Krishna.

65. Oṁ smera snigdha kaṭākṣāyai namaḥ
Salutations à Toi dont les regards sont doux et pleins d'amour.

66. Oṁ svairādyuṣita vedaye namaḥ
Salutations à Toi qui, comme par jeu, diriges des programmes sur l'estrade.

67. Oṁ piñcha kuṇḍala mañjīra vaṁśikā kiṅkiṇī bhṛte namaḥ
Salutations à Toi qui as porté tous les ornements de Krishna, la plume de paon, les boucles d'oreilles, les bracelets de cheville.

68. Oṁ bhakta lokākhilā bhīṣṭa pūraṇa prīṇanecchave namaḥ
Salutations à Toi qui aimes plaire aux dévots en exauçant leurs désirs.

69. Oṁ pīṭhārūḍha mahādevī bhāva bhāsvara mūrtaye namaḥ
Salutations à Toi qui, manifestant la Mère divine, assise sur le *pitham*, rayonnes de Sa splendeur.

70. Oṁ bhūṣan'āmbara veṣa śrī dīpya mānāṁga yaṣṭaye namaḥ
Salutations à Toi dont le corps entier brille, paré de bijoux et d'un sari magnifique (comme la Mère divine).

71. Oṁ suprasanna mukhāṁbhoja varābhayada pāṇaye namaḥ
Salutations à Toi dont le visage lumineux a la beauté du lotus et qui fais de la main le geste de la bénédiction.

72. Oṁ kirīṭa raśanākarṇa pūra svarṇa paṭī bhṛte namaḥ
Salutations à Toi qui, comme la Mère divine, portes des bijoux en or et une couronne.

73. Oṁ jihva līḍha mahā rogi bībhatsa vraṇita tvace namaḥ
Salutations à Toi qui lèches de Ta langue les plaies suppurantes de gens frappés de terribles maladies.

74. Oṁ tvag roga dhvaṁsa niṣṇāta gaurāṅgāpara mūrtaye namaḥ
Salutations à Toi qui, comme Sri Chaitanya, es experte dans la guérison des maladies de peau.

75. Oṁ steya himsā surāpānā dyaśeṣādharma vidviṣe namaḥ
Salutations à Toi qui désapprouves avec force les actes contraires au *dharma* tels que voler, nuire aux autres et consommer des drogues.

76. **Oṁ tyāga vairagya maitryādi sarva sadvāsanā puṣe namaḥ**
Salutations à Toi qui encourages le fait de cultiver de nobles qualités telles que le renoncement, le détachement, l'amour désintéressé.

77. **Oṁ pādāśrita manorūḍha dussaṁskāra rahomuṣe namaḥ**
Salutations à Toi qui ôtes les mauvaises tendances du cœur de ceux qui ont pris refuge en Toi.

78. **Oṁ prema bhakti sudhāsikta sādhu citta guhājjuṣe namaḥ**
Salutations à Toi qui demeures dans la grotte du cœur des êtres pieux, imprégnés du nectar de la dévotion.

79. **Oṁ sudhāmaṇi mahā nāmne namaḥ**
Salutations à Toi qui portes le grand nom de Sudhamani (joyau d'ambroisie).

80. **Oṁ subhāṣita sudhā muce namaḥ**
Salutations à Toi dont les paroles sont aussi douces que l'ambroisie.

81. **Oṁ amṛtānanda mayyākhyā janakarṇa puṭa spṛśe namaḥ**
Salutations à Toi dont le nom Amritanandamayi résonne dans le monde entier.

82. Oṁ dṛpta datta viraktāyai namaḥ
Salutations à Toi, indifférente aux offrandes des gens vaniteux et tournés vers les plaisirs du monde.

83. Oṁ namrārpita bhubhukṣave namaḥ
Salutations à Toi qui acceptes la nourriture offerte par les dévots avec humilité.

84. Oṁ utsṛṣṭa bhogi saṁgāyai namaḥ
Salutations à Toi qui ne goûtes pas la compagnie de ceux qui ne recherchent que les plaisirs.

85. Oṁ yogi saṁga riraṁsave namaḥ
Salutations à Toi qui chéris la compagnie des yogis.

86. Oṁ abhinandita dānādi śubha karmā bhivṛddhaye namaḥ
Salutations à Toi qui encourages les bonnes actions telles que la charité.

87. Oṁ abhivandita niśśeṣa sthira jaṁgama sṛṣṭaye namaḥ
Salutations à Toi que les êtres animés et inanimés de ce monde adorent.

88. Oṁ protsāhita brahma vidyā sampradāya pravṛttaye namaḥ

Salutations à Toi qui encourages l'étude de Brahmavidya (la science de l'Absolu) dans le cadre de la transmission de guru à disciple.

89. Oṁ punar'āsādita śreṣṭha tapovipina vṛttaye namaḥ

Salutations à Toi qui as remis en vigueur la noble manière de vivre des sages qui habitaient les forêts.

90. Oṁ bhūyo gurukulā vāsa śikṣaṇotsuka medhase namaḥ

Salutations à Toi qui souhaites ardemment rétablir le mode d'éducation qui existait dans les *gurukulas*.

91. Oṁ aneka naiṣṭhika brahmacāri nirmātṛ vedhase namaḥ

Salutations à Toi, Mère spirituelle de nombreux *brahmacharis* pour la vie.

92. Oṁ śiṣya saṁkrāmita svīya projvalat brahma varcase namaḥ

Salutations à Toi qui as transmis Ton éclat divin à Tes disciples.

93. Oṁ antevāsi janāśeṣa ceṣṭā pātita dṛṣṭaye namaḥ

Salutations à Toi qui surveilles toutes les actions des disciples.

94. Oṁ mohāndha kāra sañcāri lokā nugrāhi rociṣe namaḥ

Salutations à Toi qui es enchantée de bénir le monde, comme une lumière céleste qui vient dissiper les ténèbres.

95. **Oṁ tamaḥ kliṣṭa mano vṛṣṭa svaprakāśa śubhāśiṣe namaḥ**
Salutations à Toi qui répands la lumière de Tes bénédictions dans le cœur de ceux qui souffrent dans les ténèbres de l'ignorance.

96. **Oṁ bhakta śuddhāṇṭa raṁgastha bhadra dīpa śikhā tviṣe namaḥ**
Salutations à Toi, la flamme brillante de la lampe allumée dans le cœur des dévots.

97. **Oṁ saprīthi bhukta bhaktaughanyarpita sneha sarpiṣe namaḥ**
Salutations à Toi qui aimes le *ghee* offert par les dévots.

98. **Oṁ śiṣya varya sabhā madhya dhyāna yoga vidhitsave namaḥ**
Salutations à Toi qui aimes T'asseoir en méditation avec les dévots.

99. **Oṁ śaśvalloka hitācāra magna dehendriyāsave namaḥ**
Salutations à Toi dont le corps et les sens agissent constamment pour le bien des êtres.

100. Oṁ nija puṇya pradānānya pāpādāna cikīrṣave namaḥ
Salutations à Toi qui es heureuse d'échanger Tes mérites contre les péchés d'autrui.

101. Oṁ para svaryāpana svīya naraka prāpti lipsave namaḥ
Salutations à Toi qui es heureuse d'échanger le ciel contre l'enfer pour soulager autrui.

102. Oṁ rathotsava calat kanyā kumārī martya mūrtaye namaḥ
Salutations à Toi, incarnation de la Déesse *Kanya Kumari*, telle qu'elle est représentée lors de la fête des chars.

103. Oṁ vimo hārṇava nirmagna bhṛgu kṣetrojjihīrṣave namaḥ
Salutations à Toi qui désires ardemment élever le Kerala, plongé dans l'ignorance.

104. Oṁ punassantā nita dvaipāyana satkula tantave namaḥ
Salutations à Toi qui as prolongé la lignée du grand sage Véda Vyasa.

105. Oṁ veda śāstra purāṇetihāsa śāśvata bandhave namaḥ
Salutations à Toi, l'amie éternelle de la connaissance védique et de toutes les Écritures.

106. Oṁ bhṛgu kṣetra samun mīlat para daivata tejase namaḥ
Salutations à Toi, la gloire divine du Kerala qui s'éveille.

107. Oṁ devyai namaḥ
Salutations à la Déesse.

108. Oṁ premāmṛtānandamayyai nityam namo namaḥ
Salutations à Toi, pleine d'amour divin et de béatitude immortelle.

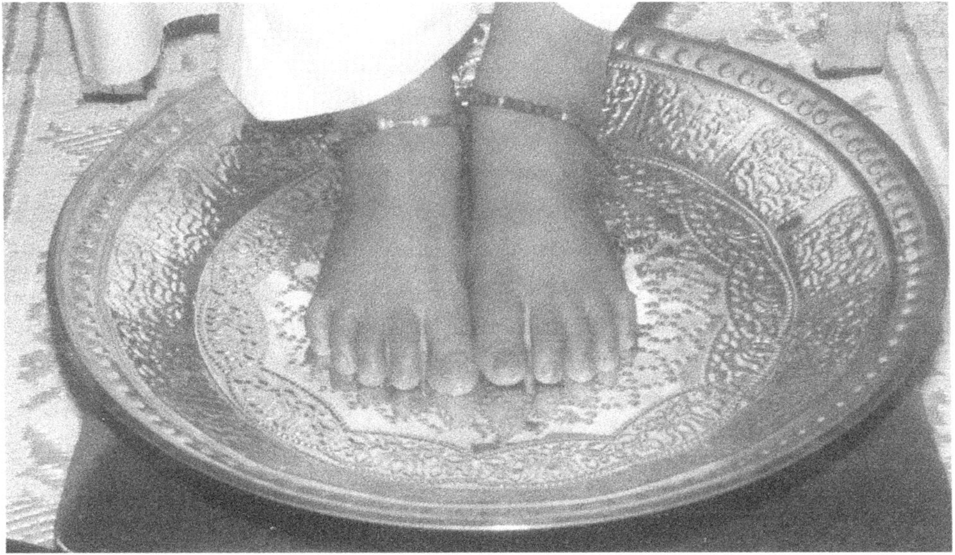

Śrī Lalitā Sahasranāmāvali

Les Mille Noms de Śrī Lalitā

Dhyānam (Méditation)

sindūrāruṇa vigrahāṁ tri nayanām māṇikya mauli sphurat
tārānāyaka śekharām smitamukhīm āpīna vakṣoruhām
pāṇibhyām alipūrṇa ratna caṣakam raktotpalam bibhratīm
saumyāṁ ratna ghaṭastha rakta caraṇāṁ dhyāyet parāmambikām

dhyāyet padmāsanasthām vikasita vadanām
padma patrāyatākṣīm
hemābhām pītavastrām kara kalita lasad
hema padmām varāṅgim

sarvālaṅkāra yuktām satatam abhayadām
bhaktanamrām bhavānīm
śrīvidyām śāntamūrtīm sakala sura nutāṁ
sarva sampat pradātrīm
sakuṅkuma vilepanām alika cumbi kastūrikām
samanda hasitekṣaṇām saśara cāpa pāśāṅkuśām
aśeṣa jana mohinīm aruṇa mālya bhūṣojvalām
japā kusuma bhāsurām japavidhau smaredambikām
aruṇāṁ karuṇā taraṅgitākṣīṁ
dhṛta pāśāṅkuśa puṣpa bāṇa cāpām
aṇimādibhir āvṛtām mayūkhai
raham ityeva vibhāvaye maheśīm

38

Ô Mère, nous méditons sur Ta forme rouge resplendissante aux trois yeux sacrés. Ta couronne est sertie de rubis et ornée du croissant de lune. Tu rayonnes d'un sourire bienveillant et Ta poitrine déborde d'amour maternel. Tu tiens dans une main une coupe sertie de pierres précieuses remplie d'hydromel et dans l'autre main un lotus rouge.

Méditons constamment sur Devi Bhavani assise dans une fleur de lotus, sur Sa forme splendide, le visage rayonnant de joie, les yeux doux et allongés comme des pétales de lotus, de couleur dorée, vêtue de soie jaune, tenant à la main un lotus doré, portant des parures qui brillent de mille feux.

Elle est pleine de compassion envers les dévots et leur accorde Sa protection et la prospérité. Vénérée par les êtres célestes, Elle est l'incarnation de Sri Vidya et de la paix !

Ô Mère de l'univers, lorsque nous pratiquons le *japa*, méditons sur Ta forme couverte de vermillon et de musc dont le parfum attire les abeilles. Toi dont le regard est en soi un tendre sourire, Tu tiens la corde et l'aiguillon, Tu captives tous les êtres ! Parée d'une guirlande rouge et de bijoux étincelants, Tu as la splendeur de la rose de Chine.

Je conçois Devi Bhavani comme étant le Soi suprême en moi, rose comme l'aurore. De Ses yeux jaillissent des vagues de compassion, Elle tient la corde et l'aiguillon, l'arc en canne à sucre et les flèches de fleurs, Elle est entourée des rayons dorés d'anima et des huit autres gloires.

1. **Oṁ śrī mātre namaḥ**
   Ô Mère divine, je Te rends hommage.
2. **Oṁ śrī mahā rājñyai namaḥ**
   Ô grande Impératrice de l'univers, je Te rends hommage.
3. **Oṁ śrīmat siṁhāsaneśvaryai namaḥ**
   Ô Reine qui siège sur le trône le plus glorieux, je Te rends hommage.
4. **Oṁ cid agni kuṇḍa sambhūtāyai namaḥ**
   Ô Toi qui es née du feu de la pure Conscience, je Te rends hommage.
5. **Oṁ deva kārya samudyatāyai namaḥ**
   Ô Toi qui exauces les souhaits des êtres célestes, je Te rends hommage.
6. **Oṁ udyad bhānu sahasrābhāyai namaḥ**
   Ô Toi qui brilles de l'éclat de mille soleils levants, je Te rends hommage.
7. **Oṁ catur bāhu samanvitāyai namaḥ**
   Ô Déesse aux quatre bras, je Te rends hommage.
8. **Oṁ rāga svarūpa pāśāḍhyāyai namaḥ**

Ô Toi qui tiens la corde, symbole du pouvoir de l'amour, je Te rends hommage.

9. **Oṁ krodhā kārāṅkuśojjvalāyai namaḥ**
Ô Toi qui tiens l'aiguillon fulgurant de la colère pour contenir les forces du mal, je Te rends hommage.

10. **Oṁ mano rūpekṣu kodaṇḍāyai namaḥ**
Ô Toi qui tiens un arc en canne à sucre, symbole du mental, je Te rends hommage.

11. **Oṁ pañca tanmātra sāyakāyai namaḥ**
Ô Toi qui tiens cinq flèches représentant les cinq éléments subtils *(tanmatras)*, je Te rends hommage.

12. **Oṁ nijāruṇa prabhā pūra majjad brahmāṇḍa maṇḍalāyai namaḥ**
L'univers baigne dans Ta splendeur rosée, je Te rends hommage.

13. **Oṁ campakāśoka punnāga saugandhika lasat kacāyai namaḥ**
Les boucles de Tes cheveux brillants parfument les fleurs *champaka*, *ashoka* et *punnaga* qui les parent, Ô Devi, je Te rends hommage.

14. Oṁ kuruvinda maṇi śreṇī kanat koṭīra maṇḍitāyai namaḥ
Ta couronne ornée de pierres *kuruvinda* étincelle, Ô Devi, je Te rends hommage.

15. Oṁ aṣṭamī candra vibhrājadalika sthala śobhitāyai namaḥ
Ton front brille comme le croissant de lune du huitième jour de la lune montante *(ashtami)*, Ô Devi, je Te rends hommage.

16. Oṁ mukha candra kalaṅkābha mṛganābhi viśeṣakāyai namaḥ
Tu portes sur le front une marque de musc qui évoque la tache sur la lune, Ô Devi, je Te rends hommage.

17. Oṁ vadana smara māṅgalya gṛha toraṇa cillikāyai namaḥ
Tes sourcils brillent comme les arches qui mènent à la demeure de Kama (dieu de l'amour, Eros) qu'évoque Ton visage, Ô Devi, je Te rends hommage.

18. Oṁ vaktra lakṣmī parīvāha calan mīnābha locanāyai namaḥ
Tes yeux se meuvent comme des poissons dans les fleuves de beauté qui s'écoulent de Ton visage, Ô Devi, je Te rends hommage.

19. Oṁ nava campaka puṣpābha nāsā daṇḍa virā jitāyai namaḥ

Ton nez magnifique est semblable à la fleur de *champaka* fraîchement épanouie, Ô Devi, je Te rends hommage.

20. Oṁ tārā kānti tiraskāri nāsābharaṇa bhāsurāyai namaḥ
Ton anneau de nez brille d'un éclat supérieur à celui de la planète Vénus, Ô Devi, je Te rends hommage.

21. Oṁ kadamba mañjarī kḷpta karṇapūra manoharāyai namaḥ
Tu rayonnes, charmante, un petit bouquet de fleurs de *kadamba* au-dessus de l'oreille, Ô Devi, je Te rends hommage.

22. Oṁ tāṭaṅka yugalī bhūta tapanoḍupa maṇḍalāyai namaḥ
Toi dont les boucles d'oreille sont le Soleil et la Lune, je Te rends hommage.

23. Oṁ padma rāga śilādarśa paribhāvi kapola bhuve namaḥ
La beauté de Tes joues surpasse celle des miroirs de rubis, Ô Devi, je Te rends hommage.

24. Oṁ nava vidruma bimba śrī nyakkāri radana cchadāyai namaḥ

Tes lèvres resplendissent, plus rouges que le corail fraîchement coupé et que le fruit *bimba,* Ô Devi, je Te rends hommage.

25. Oṁ śuddha vidyāṅkurākāra dvija paṅkti dvayojjvalāyai namaḥ

Tes dents brillent, semblables aux fleurs en bouton de la pure Connaissance, Ô Devi, je Te rends hommage.

26. Oṁ karpūra vīṭikāmoda samākarṣad digantarāyai namaḥ

Tu savoures un rouleau de feuille de bétel dont le parfum se répand dans toutes les directions, Ô Devi, je Te rends hommage.

27. Oṁ nija sallāpa mādhurya vinirbhartsita kacchapyai namaḥ

Tes paroles sont plus mélodieuses que la *vina* de Sarasvati (appelée *kachappi*), Ô Devi, je Te rends hommage.

28. Oṁ manda smita prabhā pūra majjat kāmeśa mānasāyai namaḥ

Le rayonnement de Ton sourire subjugue l'esprit de Kamesha (Shiva), Ô Devi, je Te rends hommage.

29. Oṁ anākalita sādṛśya cibuka śrī virājitāyai namaḥ
Ton menton est d'une beauté incomparable, Ô Devi, je Te rends hommage.

30. Oṁ kāmeśa baddha māṅgalya sūtra śobhita kandharāyai namaḥ
Ton cou est orné du fil de mariage noué par Ton époux Kamesha (Shiva), Ô Devi, je Te rends hommage.

31. Oṁ kanakāṅgada keyūra kamanīya bhujān vitāyai namaḥ
Tes bras magnifiques sont couverts de brassards en or, Ô Devi, je Te rends hommage.

32. Oṁ ratna graiveya cintāka lola muktāphalān vitāyai namaḥ
Tu portes un collier de pierres précieuses avec une perle en pendentif, Ô Devi, je Te rends hommage.

33. Oṁ kāmeśvara prema ratna maṇi pratipaṇa stanyai namaḥ
Je Te rends hommage, Ô Déesse : en retour du joyau qu'il T'a donné en gage d'amour, Tu offres Tes seins à Ton époux Kamesvara.

34. Oṁ nābhyālavāla romāli latā phala kuca dvayyai namaḥ
Je Te rends hommage : de Ton nombril monte une fine ligne de poils, plante grimpante dont Tes seins, Ô Déesse, sont les fruits.

35. Oṁ lakṣya roma latā dhāratā samunneya madhyamāyai namaḥ
Ta taille est si fine qu'on la devine à peine sous la ligne des poils qui montent de Ton nombril, Ô Devi, je Te rends hommage.

36. Oṁ stana bhāra dalan madhya paṭṭa bandha vali trayāyai namaḥ
Je Te rends hommage, Ô Devi : Ta taille ploie sous le poids de Tes seins et les trois plis de Ton ventre la soutiennent comme une ceinture.

37. Oṁ aruṇāruṇa kausumbha vastra bhāsvat kaṭī taṭyai namaḥ
Tu portes autour des hanches un vêtement rouge comme le soleil levant, teint avec la fleur de carthame, Ô Devi, je Te rends hommage.

38. **Oṁ ratna kiṅkiṇikāramya raśanā dāma bhūṣitāyai namaḥ**
Tu es parée d'une ceinture ornée d'une multitude de clochettes incrustées de pierres précieuses, Ô Devi, je Te rends hommage.

39. **Oṁ kāmeśa jñāta saubhāgya mārdavoru dvayānvitāyai namaḥ**
Seul Kamesha, Ton époux, connaît la beauté et la douceur de Tes cuisses, Ô Devi, je Te rends hommage.

40. **Oṁ māṇikya mukuṭākāra jānu dvaya virājitāyai namaḥ**
Tes genoux sont des couronnes taillées dans le rubis *manikya*, Ô Devi, je Te rends hommage.

41. **Oṁ indra gopa parikṣipta smara tūṇābha jaṅghikāyai namaḥ**
Tes mollets luisent comme le carquois couvert de joyaux du dieu de l'amour, Ô Devi, je Te rends hommage.

42. **Oṁ gūḍha gulphāyai namaḥ**
Tes chevilles sont cachées, Ô Devi, je Te rends hommage.

43. Oṁ kūrma pṛṣṭha jayiṣṇu prapadānvitāyai namaḥ
Les voûtes arquées de Tes pieds rivalisent de beauté et de douceur avec le dos d'une tortue, Ô Devi, je Te rends hommage.

44. Oṁ nakha dīdhiti saṁchanna namajjana tamo guṇāyai namaḥ
Les ongles de Tes pieds émettent une telle lumière que les ténèbres de l'ignorance s'évanouissent à jamais pour les dévots qui se prosternent à Tes pieds, Ô Devi, je Te rends hommage.

45. Oṁ pada dvaya prabhā jāla parākṛta saroruhāyai namaḥ
Tes pieds surpassent en beauté la fleur de lotus, Ô Devi, je Te rends hommage.

46. Oṁ śiñjāna maṇi mañjīra maṇḍita śrīpadāmbujāyai namaḥ
Tes pieds de lotus sont ornés de bracelets de chevilles en or incrustés de pierres précieuses, au tintement très doux, Ô Devi, je Te rends hommage.

47. Oṁ marālī manda gamanāyai namaḥ
Ta démarche est lente et douce comme celle d'un cygne, Ô Devi, je Te rends hommage.

48. Oṁ mahā lāvaṇya śevadhaye namaḥ
Ô Trésor infini de divine beauté, je Te rends hommage.

49. Oṁ sarvāruṇāyai namaḥ
Ô Déesse dont le teint est rouge, je Te rends hommage.

50. Oṁ anavadyāṅgyai namaḥ
Ô Toi dont le corps est digne d'adoration, je Te rends hommage.

51. Oṁ sarvābharaṇa bhūṣitāyai namaḥ
Ô Devi, je Te rends hommage, Toi qui es parée d'ornements divins.

52. Oṁ śiva kāmeśvarāṅkasthāyai namaḥ
Ô Devi, je Te rends hommage, Toi qui es assise sur les genoux de Shiva, Celui qui a maîtrisé le désir.

53. Oṁ śivāyai namaḥ
Ô Devi, je Te rends hommage, Toi l'Épouse de Shiva.

54. Oṁ svādhīna vallabhāyai namaḥ
Tu es la souveraine de Ton époux Shiva, Ô Devi, je Te rends hommage.

55. Oṁ sumeru madhya śṛṅgasthāyai namaḥ
Ô Devi, je Te rends hommage, Toi qui résides sur le pic central du Mont Meru.

56. Oṁ śrīman nagara nāyikāyai namaḥ
Ô Devi, je Te rends hommage, Toi qui règnes sur la cité la plus prospère.

57. Oṁ cintāmaṇi gṛhāntasthāyai namaḥ
Ô Devi, je Te rends hommage, Toi dont la demeure est bâtie avec le joyau qui exauce tous les désirs *(chintamani)*.

58. Oṁ pañca brahmāsana sthitāyai namaḥ
Tu es assise sur un siège constitué de cinq divinités, *brahmas* (Brahma, Vishnu, Rudra, Isana et Sadashiva), Ô Devi, je Te rends hommage.

59. Oṁ mahā padmāṭavī samsthāyai namaḥ
Tu demeures dans une forêt de lotus (le lotus aux mille pétales, *sahasrara*, le *chakra* situé au sommet du crâne) Ô Devi, je Te rends hommage.

60. Oṁ kadamba vana vāsinyai namaḥ
Ô Devi, je Te rends hommage, Toi qui résides dans la forêt d'arbres *kadamba*.

61. Oṁ sudhā sāgara madhyasthāyai namaḥ
Tu demeures au centre de l'océan *(sagara)* de nectar *(suddha)*, Ô Devi, je Te rends hommage.

62. Oṁ kāmākṣyai namaḥ
Ton regard est plein de grâce, Ô Devi, je Te rends hommage.

63. Oṁ kāma dāyinyai namaḥ
Ô Devi, Toi qui exauces tous les désirs, je Te rends hommage.

64. Oṁ devarṣi gaṇa saṅghāta stūyamānātma vaibhavāyai namaḥ
Ô Toi dont la puissance est glorifiée par des multitudes de dieux et de sages, je Te rends hommage.

65. Oṁ bhaṇḍāsura vadhodyukta śakti senā saman vitāyai namaḥ
Toi qui commandes une armée de *shaktis* déterminées à détruire Bhandasura, (Dans cette bataille, l'*asura* symbolise l'ignorance, la Déesse Lalitambika le Soi *[atman]* et les *shaktis* les facultés de l'*atman*), Ô Devi, je Te rends hommage.

66. Oṁ sampatkarī samārūḍha sindhura vraja sevitāyai namaḥ
Un régiment d'éléphants habilement commandé par Sampatkari T'accompagne, Ô Devi, je Te rends hommage.

67. Oṁ aśvārūḍhādhiṣṭhitāśva koṭi koṭibhir āvṛtāyai namaḥ
Ô Déesse entourée d'une cavalerie de millions de chevaux commandée par Ashvarudha, je Te rends hommage.

68. Oṁ cakra rāja rathārūḍha sarvāyudha pariṣkṛtāyai namaḥ
Ô Déesse montée sur le char *(chakra raja)* muni de toutes les armes, je Te rends hommage.

69. Oṁ geya cakra rathārūḍha mantriṇī pari sevitāyai namaḥ
Toi qui es servie par la *shakti* Mantrini montée sur son char *geya chakra,* Ô Devi, je Te rends hommage.

70. Oṁ kiri cakra rathārūḍha daṇḍa nāthā puras kṛtāyai namaḥ
La *shakti* Dandanatha T'escorte dans son char *kiri chakra,* Ô Devi, je Te rends hommage.

71. **Oṁ jvālā mālinikākṣipta vahni prākāra madhya gāyai namaḥ**
Tu as pris position au centre du rempart de feu construit par Jvalamalinika, Ô Devi, je Te rends hommage.

72. **Oṁ bhaṇḍa sainya vadhodyukta śakti vikrama harṣitāyai namaḥ**
Tu Te réjouis de la vaillance de Tes *shaktis* déterminées à détruire l'armée de Bhanda, Ô Devi, je Te rends hommage.

73. **Oṁ nityā parākramāṭopa nirīkṣaṇa samutsukāyai namaḥ**
La puissance et la fierté manifestées par les déesses *nitya* T'enchantent, Ô Devi, je Te rends hommage.

74. **Oṁ bhaṇḍa putra vadhodyukta bālā vikrama nanditāyai namaḥ**
Tu jubiles de voir Ta fille Bala déterminée à tuer le fils de Bhanda, Ô Devi, je Te rends hommage.

75. Oṁ mantriṇyambā viracita viṣaṅga vadha toṣitāyai namaḥ
La fin du démon Visanga, tué au combat par la *shakti* Mantrini, Te remplit de joie, Ô Devi, je Te rends hommage.

76. Oṁ viśukra prāṇa haraṇa vārāhī vīrya nanditāyai namaḥ
Tu es heureuse de la prouesse de Varahi qui a détruit Vishukra, Ô Devi, je Te rends hommage.

77. Oṁ kāmeśvara mukhāloka kalpita śrī gaṇeśvarāyai namaḥ
D'un seul regard sur Ton époux Kameshvara, Tu as engendré Ganesh (le dieu à tête d'éléphant), Ô Devi, je Te rends hommage.

78. Oṁ mahā gaṇeśa nirbhinna vighna yantra prahar ṣitāyai namaḥ
Tu Te réjouis de voir Ganesh détruire les dispositifs magiques placés par Bhandasura pour faire obstacle à Ta victoire, Ô Devi, je Te rends hommage.

79. Oṁ bhaṇḍāsurendra nirmukta śastra pratyastra varṣiṇyai namaḥ

Tu combats la pluie de missiles dirigés contre Toi par Bhandasura en lançant Tes propres missiles, Ô Devi, je Te rends hommage.

80. Oṁ karāṅguli nakhotpanna nārāyaṇa daśākṛtyai namaḥ
Ô Toi qui as recréé les dix incarnations de Narayana (Vishnu) à partir de Tes ongles, je Te rends hommage.

81. Oṁ mahā pāśupatāstrāgni nirdagdhāsura sainikāyai namaḥ
Ô Toi qui, avec le feu du missile Mahapashupata, a brûlé des armées de démons, je Te rends hommage.

82. Oṁ kāmeśvarāstra nirdagdha sabhaṇḍāsura śūnyakāyai namaḥ
Tu as détruit Bhanda et sa capitale Shunyaka à l'aide du puissant missile Kameshvara, Ô Devi, je Te rends hommage.

83. Oṁ brahmopendra mahendrādi deva samstuta vaibhavāyai namaḥ
Ô Devi, Toi dont les innombrables pouvoirs sont glorifiés par Brahma, Vishnu, Indra et les autres dieux, je Te rends hommage.

84. Oṁ hara netrāgni sandagdha kāma sañjīvanauṣadhyai namaḥ
Ô Toi, l'élixir qui redonna vie au dieu de l'amour (Kama) que le feu jailli de l'oeil de Shiva avait réduit en cendres, je Te rends hommage.

85. Oṁ śrīmad vāgbhava kūṭaika svarūpa mukha paṅkajāyai namaḥ
Ton visage de lotus est la première partie du *panca dasaksari mantra* (la forme subtile de Devi), Ô Devi, je Te rends hommage.

86. Oṁ kaṇṭhādhaḥ kaṭi paryanta madhya kūṭa svarūpiṇyai namaḥ
Ton tronc est la partie centrale *(kamaraja kuta)* du même mantra, Ô Devi, je Te rends hommage.

87. Oṁ śakti kūṭaikatāpanna kaṭyadho bhāga dhāriṇyai namaḥ
La partie inférieure de Ton corps est la dernière partie *(shakti kuta)* de ce mantra, Ô Devi, je Te rends hommage.

88. Oṁ mūla mantrātmikāyai namaḥ

Ô Devi, Incarnation du *mula mantra* (mantra racine, le *panca dasaksari*), je Te rends hommage.

89. Oṁ mūla kūṭa traya kalebarāyai namaḥ

Ton corps (subtil) est fait des trois parties du *pancha dasakshari mantra* (ou *mula mantra*), Ô Devi, je Te rends hommage.

90. Oṁ kulāmṛtaika rasikāyai namaḥ

Toi qui aimes tout spécialement le nectar appelé *kula*, Ô Devi, je Te rends hommage.

91. Oṁ kula saṅketa pālinyai namaḥ

Tu protèges le code de rituels de la voie yogique *kula*, Ô Devi, je Te rends hommage.

92. Oṁ kulāṅganāyai namaḥ

Ô Toi qui es bien née (issue d'une bonne famille), je Te rends hommage.

93. Oṁ kulāntasthāyai namaḥ

Ô Toi qui résides dans *kulavidya* (la Connaissance), je Te rends hommage.

94. Oṁ kaulinyai namaḥ
Ô Toi qui es l'Essence de l'adoration *kula*, je Te rends hommage.

95. Oṁ kula yoginyai namaḥ
Ô Toi, Déesse de la voie *kula*, je Te rends hommage.

96. Oṁ akulāyai namaḥ
Ô Toi Akula (située au-delà des six *chakras [kula]*, dans le lotus aux mille pétales), Toi qui es sans parenté, je Te rends hommage.

97. Oṁ samayāntasthāyai namaḥ
Ô Toi, le cœur de la doctrine *samaya* (école philosophique qui enseigne la voie de l'adoration intérieure, *shiva-shakti*), je Te rends hommage.

98. Oṁ samayācāra tatparāyai namaḥ
Ô Toi qui chéris la tradition *samaya,* je Te rends hommage.

99. Oṁ mūlādhāraika nilayāyai namaḥ
Ô Toi dont la résidence principale est le *muladhara* (le premier *chakra*), je Te rends hommage.

100. Oṁ brahma granthi vibhedinyai namaḥ
Ô Toi qui montes depuis le *muladhara* en traversant le nœud *(granthi)* de Brahma, je Te rends hommage.

101. Oṁ maṇipūrāntar uditāyai namaḥ
Ô Toi qui émerges dans le *manipura chakra,* je Te rends hommage.

102. Oṁ viṣṇu granthi vibhedinyai namaḥ
Ô Toi qui transcendes le noeud de Vishnu, je Te rends hommage.

103. Oṁ ājñā cakrāntarālasthāyai namaḥ
Ô Toi qui demeures dans l'*ajna chakra,* je Te rends hommage.

104. Oṁ rudra granthi vibhedinyai namaḥ
Ô Toi qui traverses le noeud de Rudra (Shiva), je Te rends hommage.

105. Oṁ sahasrārāmbujārūḍhāyai namaḥ
Ô Toi qui montes ensuite jusqu'au *sahasrara*, le lotus aux mille pétales, je Te rends hommage.

106. Oṁ sudhā sārābhivarṣiṇyai namaḥ
Ô Devi, Toi qui répands des flots de nectar *(suddha)* à partir du *sahasrara*, je Te rends hommage.

107. Oṁ taḍil latā sama rucyai namaḥ
Ô Devi, éblouissante comme l'éclair, je Te rends hommage.

108. Oṁ ṣaṭ cakropari samsthitāyai namaḥ
Ô Toi qui demeures au-dessus des six *chakras,* je Te rends hommage.

109. Oṁ mahāsaktyai namaḥ
Toi, la réalisation suprême de l'union avec Shiva, Ô Devi, je Te rends hommage.

110. Oṁ kuṇḍalinyai namaḥ
Tu es la *kundalini* (l'énergie lovée dans le *muladhara chakra*), Ô Devi, je Te rends hommage.

111. Oṁ bisa tantu tanīyasyai namaḥ
Tu es aussi fine et ferme que la fibre d'une tige de lotus, Ô Devi, je Te rends hommage.

112. Oṁ bhavānyai namaḥ
Ô Bhavani (Épouse de Shiva), je Te rends hommage.

113. Oṁ bhāvanā gamyāyai namaḥ
Ô Toi que ni l'imagination ni la pensée ne peuvent atteindre, je Te rends hommage.

114. Oṁ bhavāraṇya kuṭhārikāyai namaḥ
Ô Devi, Toi la hache qui défriche la forêt du *samsara*, je Te rends hommage.

115. Oṁ bhadra priyāyai namaḥ
Toi qui chéris et qui donnes tout ce qui est propice, Ô Devi, je Te rends hommage.

116. Oṁ bhadra mūrtaye namaḥ
Ô Devi, Incarnation de tout ce qui est propice, je Te rends hommage.

117. Oṁ bhakta saubhāgya dāyinyai namaḥ
Ô Devi, Toi qui accordes aux dévots toutes les bonnes fortunes, je Te rends hommage.

118. Oṁ bhakti priyāyai namaḥ
Toi qui aimes la dévotion, Ô Devi, je Te rends hommage.

119. Oṁ bhakti gamyāyai namaḥ
Toi que l'on peut réaliser par la dévotion, Ô Devi, je Te rends hommage.

120. Oṁ bhakti vaśyāyai namaḥ
Toi que l'on peut fléchir par la dévotion, Ô Devi, je Te rends hommage.

121. Oṁ bhayāpahāyai namaḥ
Toi qui dissipes toutes les peurs, Ô Devi, je Te rends hommage.

122. Oṁ śāmbhavyai namaḥ
Ô Shambhavi (Épouse de Shiva), je Te rends hommage.

123. Oṁ śāradārādhyāyai namaḥ
Ô Toi que Sharada (Épouse de Brahma, Saravasti) vénère, je Te rends hommage.

124. Oṁ śarvāṇyai namaḥ
Ô Toi, l'Épouse de Sarva (Shiva), je Te rends hommage.

125. Oṁ śarmadāyinyai namaḥ
Ô Toi qui donnes le bonheur, je Te rends hommage.

126. Oṁ śāṅkaryai namaḥ
Ô Shankari (Épouse de Shiva),Toi qui donnes le bonheur, je Te rends hommage.

127. Oṁ śrīkaryai namaḥ
Ô Toi qui donnes la prospérité (Épouse de Vishnu), je Te rends hommage.

128. Oṁ sādhvyai namaḥ
Ô Toi qui es chaste, je Te rends hommage.

129. Oṁ śarac candra nibhānanāyai namaḥ
Ton visage resplendit comme la pleine lune d'automne, Ô Devi, je Te rends hommage.

130. Oṁ śātodaryai namaḥ
Tu as la taille très fine, Ô Devi, je Te rends hommage.

131. Oṁ śāntimatyai namaḥ
Ô Devi, Toi dont la nature est paix, je Te rends hommage.

132. Oṁ nirādhārāyai namaḥ
Tu n'as aucun autre support que Toi-même, Ô Devi, je Te rends hommage.

133. Oṁ nirañjanāyai namaḥ
Ô Devi, Tu demeures détachée et Tu n'es liée à rien, je Te rends hommage.

134. Oṁ nirlepāyai namaḥ
Ô Devi, Toi qui es libre des impuretés causées par l'action, je Te rends hommage.

135. Oṁ nirmalāyai namaḥ
Ô Devi, Toi qui es pure, je Te rends hommage.

136. Oṁ nityāyai namaḥ
Ô Toi, l'Éternelle, je Te rends hommage.

137. Oṁ nirākārāyai namaḥ
Ô Toi qui es sans forme, je Te rends hommage.

138. Oṁ nirākulāyai namaḥ
Ô Toi que rien n'agite, je Te rends hommage.

139. Oṁ nirguṇāyai namaḥ
Ô Toi qui transcendes les trois conditionnements *(gunas)* de la nature *(sattva, rajas* et *tamas),* je Te rends hommage.

140. Oṁ niṣkalāyai namaḥ
Ô Toi, l'Un indivisible, je Te rends hommage.

141. Oṁ śāntāyai namaḥ
Ô Devi, toujours calme et tranquille, je Te rends hommage.

142. Oṁ niṣkāmāyai namaḥ
Ô Toi qui es libre de tout désir, je Te rends hommage.

143. Oṁ nir upaplavāyai namaḥ
Ô Toi qui es indestructible, je Te rends hommage.

144. Oṁ nitya muktāyai namaḥ
Ô Devi, éternellement libre, je Te rends hommage.

145. Oṁ nirvikārāyai namaḥ
Ô Toi, l'Immuable, je Te rends hommage.

146. Oṁ niṣprapañcāyai namaḥ
Ô Toi qui es au-delà de ce monde, je Te rends hommage.

147. Oṁ nirāśrayāyai namaḥ
Ô Devi, Toi qui ne dépends de rien ni de personne, je Te rends hommage.

148. Oṁ nitya śuddhāyai namaḥ
Ô Devi, éternellement pure, je Te rends hommage.

149. Oṁ nitya buddhāyai namaḥ
Ô Toi, à la sagesse éternelle, je Te rends hommage.

150. Oṁ nir avadyāyai namaḥ
Ô Toi qui es sans reproche, digne de louanges, je Te rends hommage.

151. Oṁ nir antarāyai namaḥ
Ô Toi qui es omniprésente, je Te rends hommage.

152. Oṁ niṣ kāraṇāyai namaḥ
Ô Toi qui es sans cause, je Te rends hommage.

153. Oṁ niṣ kalaṅkāyai namaḥ
Ô Toi qui es sans tache, je Te rends hommage.

154. Oṁ nir upādhaye namaḥ
Ô Toi qui es sans limite, je Te rends hommage.

155. Oṁ nir īśvarāyai namaḥ
Ô Toi sur qui nul n'exerce de souveraineté, je Te rends hommage.

156. Oṁ nīrāgāyai namaḥ
Ô Toi qui es sans désir, je Te rends hommage.

157. Oṁ rāga mathanyai namaḥ
Ô Toi qui détruis les désirs, je Te rends hommage.

158. Oṁ nir madāyai namaḥ
Ô Toi qui es sans orgueil, je Te rends hommage.

159. Oṁ mada nāśinyai namaḥ
Ô Toi qui détruis tout orgueil, je Te rends hommage.

160. Oṁ niścintāyai namaḥ
Ô Toi qui es libre de toute angoisse, je Te rends hommage.

161. Oṁ nir ahaṅkārāyai namaḥ
Ô Toi qui es sans ego (sans notion du « moi » et du « mien »), je Te rends hommage.

162. Oṁ nirmohāyai namaḥ
Ô Toi qui es libre de toute illusion, je Te rends hommage.

163. Oṁ moha nāśinyai namaḥ
Ô Toi qui détruis toutes les illusions, je Te rends hommage.

164. Oṁ nir mamāyai namaḥ
Ô Toi qui n'as aucun intérêt personnel, je Te rends hommage.

165. Oṁ mamatā hantryai namaḥ
Ô Toi qui balayes le sentiment de posséder, je Te rends hommage.

166. Oṁ niṣpāpāyai namaḥ
Ô Toi qui es sans péché, je Te rends hommage.

167. Oṁ pāpa nāśinyai namaḥ
Ô Toi qui détruis le péché, je Te rends hommage.

168. Oṁ niṣkrodhāyai namaḥ
Ô Toi qui es sans colère, je Te rends hommage.

169. Oṁ krodha śamanyai namaḥ
Ô Toi qui détruis la colère, je Te rends hommage.

170. Oṁ nirlobhāyai namaḥ
Ô Toi qui es pure de toute avidité, je Te rends hommage.

171. Oṁ lobha nāśinyai namaḥ
Ô Toi qui anéantis l'avidité, je Te rends hommage.

172. Oṁ niḥsamśayāyai namaḥ
Ô Toi qui ne connais pas le doute, je Te rends hommage.

173. Oṁ samśayaghnyai namaḥ
Ô Toi qui effaces tous les doutes, je Te rends hommage.

174. Oṁ nir bhavāyai namaḥ
Ô Toi qui es sans origine, je Te rends hommage.

175. Oṁ bhava nāśinyai namaḥ
Ô Toi qui libères (les dévots) du cycle de la naissance et de la mort, je Te rends hommage.

176. Oṁ nir vikalpāyai namaḥ
Ô Toi qui es libre d'illusions, d'imaginations fallacieuses, je Te rends hommage.

177. Oṁ nirābādhāyai namaḥ
Ô Toi que rien n'affecte, je Te rends hommage.

178. Oṁ nir bhedāyai namaḥ
Ô Toi qui as transcendé toutes les différences (nées de l'ignorance), je Te rends hommage.

179. Oṁ bheda nāśinyai namaḥ
Ô Toi qui détruis le sens des différences, je Te rends hommage.

180. Oṁ nirnāśāyai namaḥ
Ô Toi l'Indestructible, je Te rends hommage.

181. Oṁ mṛtyu mathanyai namaḥ
Ô Toi qui permets de transcender la mort, je Te rends hommage.

182. Oṁ niṣkriyāyai namaḥ
Salutations à Toi qui n'accomplis aucune action, je Te rends hommage.

183. Oṁ niṣparigrahāyai namaḥ
Ô Toi qui n'acceptes rien et n'acquiers rien, je Te rends hommage.

184. Oṁ nistulāyai namaḥ
Ô Toi, l'Incomparable, je Te rends hommage.

185. Oṁ nīla cikurāyai namaḥ
Ô Toi dont les boucles de cheveux sont d'un noir brillant, je Te rends hommage.

186. Oṁ nir apāyāyai namaḥ
Ô Toi, l'Impérissable, je Te rends hommage.

187. Oṁ niratyayāyai namaḥ
Ô Toi dont on ne peut pas transgresser les lois, je Te rends hommage.

188. Oṁ durlabhāyai namaḥ
Ô Devi, Toi qu'il est difficile de réaliser, je Te rends hommage.

189. Oṁ durgamāyai namaḥ
Ô Toi que l'on ne peut approcher qu'au prix d'efforts extrêmes, je Te rends hommage.

190. Oṁ durgāyai namaḥ
Ô Durga, Toi qui as tué le démon Durmada, je Te rends hommage.

191. Oṁ duḥkha hantryai namaḥ
Ô Toi qui mets fin à la souffrance, je Te rends hommage.

192. Oṁ sukha pradāyai namaḥ
Ô Toi qui accordes le bonheur, je Te rends hommage.

193. Oṁ duṣṭa dūrāyai namaḥ

Ô Toi qui es très loin des êtres qui accomplissent des actes nuisibles, je Te rends hommage.

194. Oṁ durācāra śamanyai namaḥ
Ô Toi qui détruis les coutumes néfastes, je Te rends hommage.

195. Oṁ doṣa varjitāyai namaḥ
Ô Toi qui es pure de toute imperfection, je Te rends hommage.

196. Oṁ sarvajñāyai namaḥ
Ô Toi, l'Omnisciente, je Te rends hommage.

197. Oṁ sāndra karuṇāyai namaḥ
Ô Toi qui manifestes une compassion infinie, je Te rends hommage.

198. Oṁ samānādhika varjitāyai namaḥ
Ô Toi que personne n'égale ni ne surpasse, je Te rends hommage.

199. Oṁ sarva śakti mayyai namaḥ
Ô Toi qui possèdes tous les pouvoirs divins, je Te rends hommage.

200. Oṁ sarva maṅgalāyai namaḥ
Ô Toi, Source de tout ce qui est propice, je Te rends hommage.

201. Oṁ sad gati pradāyai namaḥ
Ô Toi qui nous guides sur le bon chemin, je Te rends hommage.

202. Oṁ sarveśvaryai namaḥ
Ô Toi qui régis tout l'univers (le vivant et l'inerte), je Te rends hommage.

203. Oṁ sarva mayyai namaḥ
Ô Devi, Toi qui es présente en tout, vivant ou inerte, je Te rends hommage.

204. Oṁ sarva mantra svarūpiṇyai namaḥ
Ô Toi, l'Essence de tous les mantras, je Te rends hommage.

205. Oṁ sarva yantrātmikāyai namaḥ
Ô Toi, l'âme de tous les *yantras* (diagrammes mystiques), je Te rends hommage.

206. Oṁ sarva tantra rūpāyai namaḥ
Ô Toi, l'âme de tous les *tantras* (textes sacrés), je Te rends hommage.

207. Oṁ manonmanyai namaḥ
Ô Toi, la *shakti* de Shiva, je Te rends hommage.

208. Oṁ māheśvaryai namaḥ
Ô Toi, Épouse de Maheshvara (le dieu suprême de l'univers), je Te rends hommage.

209. Oṁ mahā devyai namaḥ
Ô grande Déesse (au corps incommensurable), je Te rends hommage.

210. Oṁ mahā lakṣmyai namaḥ
Ô Toi, Mahalakshmi, je Te rends hommage.

211. Oṁ mṛḍa priyāyai namaḥ
Ô Toi, Bien-Aimée de Mrida (Shiva), je Te rends hommage.

212. Oṁ mahā rūpāyai namaḥ
Ô Toi, la forme suprême, je Te rends hommage.

213. Oṁ mahā pūjyāyai namaḥ
Ô Toi, objet suprême d'adoration, je Te rends hommage.

214. Oṁ mahā pātaka nāśinyai namaḥ
Ô Toi qui as le pouvoir de détruire les effets du plus abominable des actes, je Te rends hommage.

215. Oṁ mahā māyāyai namaḥ
Ô Toi, la grande Illusion *(maya)*, je Te rends hommage.

216. Oṁ mahā sattvāyai namaḥ
Ô Toi qui possèdes au degré suprême la qualité de *sattva* (pureté, bonté), je Te rends hommage.

217. Oṁ mahā śaktyai namaḥ
Ô Toi, l'Énergie suprême, je Te rends hommage.

218. Oṁ mahā ratyai namaḥ
Ô Toi, Ravissement infini, je Te rends hommage.

219. Oṁ mahā bhogāyai namaḥ
Ô Toi qui possèdes d'immenses richesses, je Te rends hommage.

220. Oṁ mahaiśvaryāyai namaḥ
Ô Toi dont la souveraineté est suprême, je Te rends hommage.

221. Oṁ mahā vīryāyai namaḥ
Ô Vaillance suprême, je Te rends hommage.

222. Oṁ mahā balāyai namaḥ
Ô Force suprême, je Te rends hommage.

223. Oṁ mahā buddhyai namaḥ
Ô Intelligence suprême, je Te rends hommage.

224. Oṁ mahā siddhyai namaḥ
Ô Détentrice des pouvoirs suprêmes, je Te rends hommage.

225. Oṁ mahā yogeśvareśvaryai namaḥ
Ô Toi que vénèrent les plus grands yogis, je Te rends hommage.

226. Oṁ mahā tantrāyai namaḥ
Ô Toi, vénérée dans les plus grands *tantras,* je Te rends hommage.

227. Oṁ mahā mantrāyai namaḥ
Ô Toi, le plus grand des mantras, je Te rends hommage.

228. Oṁ mahā yantrāyai namaḥ
Ô Toi, le plus grand des *yantras,* je Te rends hommage.

229. Oṁ mahāsanāyai namaḥ
Ô Toi, assise sur le grand siège (les 36 *tattvas*), je Te rends hommage.

230. Oṁ mahā yāga kramārādhyāyai namaḥ
Ô Toi que l'on adore par le rituel *mahayaga*, je Te rends hommage.

231. Oṁ mahā bhairava pūjitāyai namaḥ
Ô Toi que vénère Mahabhairava (Shiva), je Te rends hommage.

232. Oṁ maheśvara mahā kalpa mahātāṇḍava sākṣiṇyai namaḥ
Ô Toi, le témoin de la danse cosmique (*tandava*) de Shiva par laquelle il détruit le monde à la fin d'un cycle de la création, je Te rends hommage.

233. Oṁ mahā kāmeśa mahiṣyai namaḥ

Ô Toi, l'Épouse de Mahakameshvara (le Seigneur du désir), je Te rends hommage.

234. Oṁ mahā tripura sundaryai namaḥ
Ô Toi, divine beauté Tripurasundari, je Te rends hommage.

235. Oṁ catuḥ ṣaṣtyupacārāḍhyāyai namaḥ
Ô Toi que l'on vénère par les 64 cérémonies, je Te rends hommage.

236. Oṁ catuḥ ṣaṣṭi kalā mayyai namaḥ
Ô Toi qui incarnes les 64 formes d'art, je Te rends hommage.

237. Oṁ mahā catuḥ ṣaṣṭi koṭi yoginī gaṇa sevitāyai namaḥ
Ô Toi que servent 640 millions de yoginis, je Te rends hommage.

238. Oṁ manu vidyāyai namaḥ
Ô Toi, l'Incarnation de Manuvidya, je Te rends hommage.

239. Oṁ candra vidyāyai namaḥ
Ô Toi, l'Incarnation de Chandravidya, je Te rends hommage.

240. Oṁ candra maṇḍala madhyagāyai namaḥ
Ô Toi qui résides au centre du disque de la lune *(chandramandala)*, je Te rends hommage.

241. Oṁ cāru rūpāyai namaḥ
Ô Toi dont la beauté est immuable, je Te rends hommage.

242. Oṁ cāru hāsāyai namaḥ
Ô Devi au sourire enchanteur, je Te rends hommage.

243. Oṁ cāru candra kalā dharāyai namaḥ
Ô Devi dont la couronne est ornée du croissant de lune, je Te rends hommage.

244. Oṁ carācara jagan nāthāyai namaḥ
Ô Toi qui gouvernes tous les êtres, animés et inanimés, je Te rends hommage.

245. Oṁ cakra rāja niketanāyai namaḥ
Ô Toi qui demeures dans le *chakra raja* (Sri Chakra), je Te rends hommage.

246. Oṁ pārvatyai namaḥ
Ô Parvati, fille de la montagne (Himavan, l'Himalaya), je Te rends hommage.

247. Oṁ padma nayanāyai namaḥ
Tes yeux ont la forme des pétales de lotus, Devi, je Te rends hommage.

248. Oṁ padma rāga sama prabhāyai namaḥ
Ô Toi dont le teint rouge resplendit comme le rubis, je Te rends hommage.

249. Oṁ pañca pretāsanāsīnāyai namaḥ
Ô Devi, assise sur un siège formé de cinq divinités qui, sans Ta *shakti*, demeurent inertes (les cinq *brahmas* mentionnés ci-dessous), je Te rends hommage.

250. Oṁ pañca brahma svarūpiṇyai namaḥ
Ô Toi dont la forme est le monde entier et qui comprends les cinq *brahmas* (Brahma, Vishnu, Rudra, Ishvara et Sadashiva), je Te rends hommage.

251. Oṁ cinmayyai namaḥ
Ô Toi, la pure Conscience, je Te rends hommage.

252. Oṁ paramānandāyai namaḥ
Ô Toi, Béatitude suprême, je Te rends hommage.

253. Oṁ vijñāna ghana rūpiṇyai namaḥ
Ô Toi, Incarnation de l'Intelligence omniprésente, je Te rends hommage.

254. Oṁ dhyāna dhyātṛ dhyeya rūpāyai namaḥ
Tu es la méditation, le méditant et l'objet de méditation, Ô Devi, je Te rends hommage.

255. Oṁ dharmādharma vivarjitāyai namaḥ
Ô Toi qui transcendes à la fois le bien et le mal, je Te rends hommage.

256. Oṁ viśva rūpāyai namaḥ
Ô Toi dont la forme est le monde, je Te rends hommage.

257. Oṁ jāgariṇyai namaḥ
Tu prends la forme du *jiva* en état de veille, Ô Devi, je Te rends hommage.

258. Oṁ svapantyai namaḥ
Tu prends la forme du *jiva* en état de rêve, Ô Devi, je Te rends hommage.

259. Oṁ taijasātmikāyai namaḥ
Tu es l'âme du *jiva* en état de rêve, Ô Devi, je Te rends hommage.

260. Oṁ suptāyai namaḥ
Tu prends la forme du *jiva* en état de sommeil profond, Ô Devi, je Te rends hommage.

261. Oṁ prājñātmikāyai namaḥ
Tu es la totalité des âmes plongées dans le sommeil profond, Ô Devi, je Te rends hommage.

262. Oṁ turyāyai namaḥ
Tu es *turya*, le quatrième état (substrat de tous les autres), Ô Devi, je Te rends hommage.

263. Oṁ sarvāvasthā vivarjitāyai namaḥ
Tu transcendes tous les états, Ô Devi, je Te rends hommage.

264. Oṁ sṛṣṭi kartryai namaḥ
Tu es la Créatrice, Ô Devi, je Te rends hommage.

265. Oṁ brahma rūpāyai namaḥ
Tu as pris la forme de Brahma pour créer l'univers, Ô Devi, je Te rends hommage.

266. Oṁ goptryai namaḥ
Ô Toi qui protèges (le monde), je Te rends hommage.

267. Oṁ govinda rūpiṇyai namaḥ
Tu as pris la forme de Govinda (Vishnu) afin de préserver l'univers, Ô Devi, je Te rends hommage.

268. Oṁ samhāriṇyai namaḥ
Ô Destructrice de l'univers, je Te rends hommage.

269. Oṁ rudra rūpāyai namaḥ
Ô Toi qui prends la forme de Rudra (Shiva) lors de la dissolution de l'univers, je Te rends hommage.

270. Oṁ tirodhāna karyai namaḥ
Ô Toi, Cause de la dissolution des choses, je Te rends hommage.

271. Oṁ īśvaryai namaḥ
Ô Ishvari, Toi qui protèges et gouvernes toute chose, je Te rends hommage.

272. Oṁ sadā śivāyai namaḥ

Ô Sadashiva (énergie féminine de Shiva, toujours propice), je Te rends hommage.

273. Oṁ anugraha dāyai namaḥ
Tu accordes Ta bénédiction (marquant le départ d'un nouveau cycle de la création), je Te rends hommage.

274. Oṁ pañca kṛtya parāyaṇāyai namaḥ
Ô Toi qui accomplis les cinq fonctions (mentionnées ci-dessus), je Te rends hommage.

275. Oṁ bhānu maṇḍala madhyasthāyai namaḥ
Ô Toi qui demeures au centre du disque solaire, je Te rends hommage.

276. Oṁ bhairavyai namaḥ
Ô Toi, l'Épouse de Bhairava (Shiva), je Te rends hommage.

277. Oṁ bhaga mālinyai namaḥ
Ô Toi qui possèdes les six formes d'excellence (la souveraineté, la vertu, la gloire, la beauté, l'omniscience et le détachement), je Te rends hommage.

278. Oṁ padmāsanāyai namaḥ
Ô Toi, assise dans le lotus cosmique, je Te rends hommage.

279. Oṁ bhagavatyai namaḥ
Ô Bhagavati, Déesse qui protège ceux qui La vénèrent, je Te rends hommage.

280. Oṁ padma nābha sahodaryai namaḥ
Ô Sœur de Padmanabha (Celui au nombril de lotus, Vishnu), je Te rends hommage.

281. Oṁ unmeṣa nimiṣotpanna vipanna bhuvanāvalyai namaḥ
Ô Toi qui crées le monde en ouvrant les yeux et le détruis en les fermant, je Te rends hommage.

282. Oṁ sahasra śīrṣa vadanāyai namaḥ
Ô Toi qui possèdes des milliers de têtes et de visages, je Te rends hommage.

283. Oṁ sahasrākṣyai namaḥ
Ô Toi qui as des milliers d'yeux, je Te rends hommage.

284. Oṁ sahasra pade namaḥ

Ô Toi qui as des milliers de pieds, je Te rends hommage.

285. Oṁ ābrahma kīṭa jananyai namaḥ
Ô Toi qui as donné naissance à toutes les formes, depuis Brahma jusqu'au ver de terre, je Te rends hommage.

286. Oṁ varṇāśrama vidhāyinyai namaḥ
Ô Toi qui as établi l'organisation sociale, je Te rends hommage.

287. Oṁ nijājñā rūpa nigamāyai namaḥ
Ô Toi dont les commandements prennent la forme des Védas, je Te rends hommage.

288. Oṁ puṇyāpuṇya phala pradāyai namaḥ
Ô Toi, la loi qui fait mûrir le fruit des bonnes et des mauvaises actions, je Te rends hommage.

289. Oṁ śruti sīmanta sindūrī kṛta pādābja dhūlikāyai namaḥ
La poussière de Tes pieds forme la marque vermillon qui colore la raie dans les cheveux des déesses Srutis (personnifications des Védas), Ô Devi, je Te rends hommage.

290. Oṁ sakalāgama sandoha śukti sampuṭa mauktikāyai namaḥ
Ô Perle du coquillage des Écritures, je Te rends hommage.

291. Oṁ puruṣārtha pradāyai namaḥ
Ô Toi qui accordes la réalisation des quatre buts de la vie humaine : la vertu *(dharma)*, le plaisir *(kama)*, la richesse *(artha)* et la libération *(moksha)*, je Te rends hommage.

292. Oṁ pūrṇāyai namaḥ
Ô Toi qui es toujours Plénitude, Perfection, sans croissance ni déclin, je Te rends hommage.

293. Oṁ bhoginyai namaḥ
Ô Toi qui savoures toutes les expériences, je Te rends hommage.

294. Oṁ bhuvaneśvaryai namaḥ
Ô Bhuvaneshvari, Souveraine de l'univers, je Te rends hommage.

295. Oṁ ambikāyai namaḥ
Ô Ambika, Mère de l'univers, je Te rends hommage.

296. Oṁ anādi nidhanāyai namaḥ
Ô Toi qui es sans commencement ni fin, je Te rends hommage.

297. Oṁ hari brahmendra sevitāyai namaḥ
Ô Toi que servent les dieux tels que Hari, Brahma et Indra, je Te rends hommage.

298. Oṁ nārāyaṇyai namaḥ
Ô Narayani, Épouse de Narayana (Vishnu), je Te rends hommage.

299. Oṁ nāda rūpāyai namaḥ
Ô Toi, Incarnation du son cosmique *(nada)*, je Te rends hommage.

300. Oṁ nāma rūpa vivarjitāyai namaḥ
Ô Toi qui es sans nom et sans forme, je Te rends hommage.

301. Oṁ hrīṅ kāryai namaḥ
Ô Toi, la syllabe-racine *Hrim* qui représente Bhuvaneshvari, je Te rends hommage.

302. Oṁ hrīmatyai namaḥ
Ô Déesse à la nature réservée, je Te rends hommage.

Ô Toi qui donnes le bonheur, je Te rends hommage.

311. Oṁ rasyāyai namaḥ
Ô Toi qu'il faut savourer / qui savoures, je Te rends hommage.

312. Oṁ raṇat kiṅkiṇi mekhalāyai namaḥ
Ô Toi qui portes une ceinture de clochettes tintinnabulantes, je Te rends hommage.

313. Oṁ ramāyai namaḥ
Ô Toi Rama (Lakshmi), je Te rends hommage.

314. Oṁ rākendu vadanāyai namaḥ
Ô Toi dont le visage a la beauté de la pleine lune, je Te rends hommage.

315. Oṁ rati rūpāyai namaḥ
Ô Toi qui prends la forme de Rati, (l'Épouse du dieu de l'amour, Kama), je Te rends hommage.

316. Oṁ rati priyāyai namaḥ
Ô Toi qui es chère à Rati / qui es servie par Rati, je Te rends hommage.

317. Oṁ rakṣā karyai namaḥ
Ô Toi qui protèges, je Te rends hommage.

318. Oṁ rākṣasa ghnyai namaḥ
Ô Toi qui anéantis la race entière des démons, je Te rends hommage.

319. Oṁ rāmāyai namaḥ
Ô Toi qui donnes le ravissement, je Te rends hommage.

320. Oṁ ramaṇa lampaṭāyai namaḥ
Tu es dévouée à Celui qui règne dans Ton cœur (Shiva), Ô Devi, je Te rends hommage.

321. Oṁ kāmyāyai namaḥ
Ô Toi qu'il faut désirer (comme le bien suprême), je Te rends hommage.

322. Oṁ kāma kalā rūpāyai namaḥ
Ô Toi qui as pris la forme de *kamakala*, je Te rends hommage.

323. Oṁ kadamba kusuma priyāyai namaḥ
Ô Toi qui aimes les fleurs de *kadamba*, je Te rends hommage.

324. Oṁ kalyāṇyai namaḥ
Ô Toi qui donnes ce qui est propice, je Te rends hommage.

325. Oṁ jagatī kandāyai namaḥ
Ô Toi, la Racine de l'univers, je Te rends hommage.

326. Oṁ karuṇā rasa sāgarāyai namaḥ
Ô Devi, Océan de compassion, je Te rends hommage.

327. Oṁ kalāvatyai namaḥ
Ô Devi, Incarnation de tous les arts, je Te rends hommage.

328. Oṁ kalālāpāyai namaḥ
Ô Toi dont la parole est douce et musicale, je Te rends hommage.

329. Oṁ kāntāyai namaḥ
Ô Toi, la Beauté, je Te rends hommage.

330. Oṁ kādambarī priyāyai namaḥ
Ô Toi qui aimes l'hydromel, je Te rends hommage.

331. **Oṁ varadāyai namaḥ**
Ô Toi qui accordes généreusement des faveurs, je Te rends hommage.

332. **Oṁ vāma nayanāyai namaḥ**
Ô Devi aux yeux magnifiques, je Te rends hommage.

333. **Oṁ vāruṇī mada vihvalāyai namaḥ**
Ô Devi, ivre de *varuni* (le vin de l'extase spirituelle), je Te rends hommage.

334. **Oṁ viśvādhikāyai namaḥ**
Ô Toi qui transcendes l'univers, je Te rends hommage.

335. **Oṁ veda vedyāyai namaḥ**
Ô Toi que l'on peut connaître grâce aux Védas, je Te rends hommage.

336. **Oṁ vindhyācala nivāsinyai namaḥ**
Ô Toi qui demeures dans les montagnes Vindya, je Te rends hommage.

337. **Oṁ vidhātryai namaḥ**
Ô Déesse qui crée et préserve l'univers, je Te rends hommage.

338. **Oṁ veda jananyai namaḥ**

Ô Mère des Védas, je Te rends hommage.

339. Oṁ viṣṇu māyāyai namaḥ
Ô Toi, la puissance d'illusion de Vishnu, je Te rends hommage.

340. Oṁ vilāsinyai namaḥ
Ô Toi qui aimes jouer (en créant, préservant et détruisant l'univers), je Te rends hommage.

341. Oṁ kṣetra svarūpāyai namaḥ
Ô Toi dont le corps est matière, je Te rends hommage.

342. Oṁ kṣetreśyai namaḥ
Ô Toi, Épouse de Shiva, le Seigneur qui gouverne la matière et tous les corps, je Te rends hommage.

343. Oṁ kṣetra kṣetrajña pālinyai namaḥ
Ô Toi qui protèges l'âme et le corps, je Te rends hommage.

344. Oṁ kṣaya vṛddhi vinirmuktāyai namaḥ
Ô Toi qui ne connais ni croissance ni déclin, je Te rends hommage.

345. Oṁ kṣetra pāla samarcitāyai namaḥ
Ô Toi qui es adorée par Kshetrapala (une incarnation de Shiva), je Te rends hommage.

346. Oṁ vijayāyai namaḥ
Ô Déesse toujours victorieuse, je Te rends hommage.

347. Oṁ vimalāyai namaḥ
Ô Toi qui es pure, je Te rends hommage.

348. Oṁ vandyāyai namaḥ
Ô Déesse digne d'adoration, je Te rends hommage.

349. Oṁ vandāru jana vatsalāyai namaḥ
Ô Toi qui es pleine d'amour maternel pour les dévots, je Te rends hommage.

350. Oṁ vāg vādinyai namaḥ
Ô Toi qui inspires les paroles des sages, je Te rends hommage.

351. Oṁ vāma keśyai namaḥ
Ô Toi qui as de beaux cheveux, je Te rends hommage.

352. Oṁ vahni maṇḍala vāsinyai namaḥ
Ô Toi qui vis dans un cercle de feu, je Te rends hommage.

353. Oṁ bhaktimat kalpa latikāyai namaḥ
Ô Toi, le *kalpa taru*, arbre céleste qui exauce les désirs des dévots, je Te rends hommage.

354. Oṁ paśu pāśa vimocinyai namaḥ
Ô Toi qui délivres les êtres des liens de l'ignorance, je Te rends hommage.

355. Oṁ samhṛtāśeṣa pāṣaṇḍāyai namaḥ
Ô Toi qui détruis les êtres injustes, je Te rends hommage.

356. Oṁ sadācāra pravartikāyai namaḥ
Ô Toi qui montres et inspires la conduite juste aux êtres humains, je Te rends hommage.

357. Oṁ tāpa trayāgni santapta samāhlādana candrikāyai namaḥ
Ô Toi, la pleine lune qui apporte la joie à ceux qui sont consumés par les trois feux de la souffrance (souffrance physique, mentale ou d'origine surnaturelle), je Te rends hommage.

358. Oṁ taruṇyai namaḥ
Ô Devi éternellement jeune, je Te rends hommage.

359. Oṁ tāpasārādhyāyai namaḥ
Ô Toi que les ascètes vénèrent, je Te rends hommage.

360. Oṁ tanu madhyāyai namaḥ
Ô Déesse à la taille fine, je Te rends hommage.

361. Oṁ tamopahāyai namaḥ
Ô Toi qui détruis l'ignorance de *tamas*, je Te rends hommage.

362. Oṁ cityai namaḥ
Ô Intelligence pure, je Te rends hommage.

363. Oṁ tat pada lakṣyārthāyai namaḥ
Ô Incarnation de la Vérité *(tat)*, je Te rends hommage.

364. Oṁ cid eka rasa rūpiṇyai namaḥ
Ta nature est pure Intelligence, Cause de la connaissance, Ô Devi, je Te rends hommage.

365. Oṁ svātmānandalavī bhūta brahmādyānanda santatyai namaḥ

Ô Béatitude, dont la béatitude manifestée en Brahma et chez les autres divinités n'est qu'une fraction, je Te rends hommage.

366. Oṁ parāyai namaḥ

Ô Toi, le Son suprême et transcendantal, je Te rends hommage.

367. Oṁ pratyak citī rūpāyai namaḥ

Ô Toi, la Conscience non-manifestée, Brahman, je Te rends hommage.

368. Oṁ paśyantyai namaḥ

Ô Toi, le second niveau (inaudible) du son, après *para*, avant *madhyama* et *vaikari*, je Te rends hommage.

369. Oṁ para devatāyai namaḥ

Ô Toi, la Déité suprême, je Te rends hommage.

370. Oṁ madhyamāyai namaḥ

Ô Toi, la parole intermédiaire, je Te rends hommage.

371. Oṁ vaikharī rūpāyai namaḥ
Ô Toi, la parole audible, je Te rends hommage.

372. Oṁ bhakta mānasa hamsikāyai namaḥ
Ô Toi, le Cygne dans le lac *manasa* (le mental) de Tes dévots, je Te rends hommage.

373. Oṁ kāmeśvara prāṇa nāḍyai namaḥ
Ô Toi, la vie de Ton époux Kameshvara, je Te rends hommage.

374. Oṁ kṛtajñāyai namaḥ
Ô Toi qui connais les actions de tous les êtres, je Te rends hommage.

375. Oṁ kāma pūjitāyai namaḥ
Ô Toi que le dieu de l'amour vénère, je Te rends hommage.

376. Oṁ śṛṅgāra rasa sampūrṇāyai namaḥ
Ô Toi, Plénitude et Essence de l'Amour, je Te rends hommage.

377. Oṁ jayāyai namaḥ
Ô Toi, Déesse toujours et partout victorieuse, je Te rends hommage.

378. Oṁ jālandhara sthitāyai namaḥ
Ô Toi qui demeures dans le sanctuaire de *jalandhara (vishuddhi chakra)*, je Te rends hommage.

379. Oṁ oḍyāṇa pīṭha nilayāyai namaḥ
Ô Toi qui es présente dans le centre *odyana (ajna chakra)*, je Te rends hommage.

380. Oṁ bindu maṇḍala vāsinyai namaḥ
Ô Toi qui demeures dans le *bindu mandala,* je Te rends hommage.

381. Oṁ raho yāga kramārādhyāyai namaḥ
Ô Toi que l'on adore par des rites secrets, je Te rends hommage.

382. Oṁ rahas tarpaṇa tarpitāyai namaḥ
Ô Toi que l'on satisfait par des rites secrets d'adoration, je Te rends hommage.

383. Oṁ sadyaḥ prasādinyai namaḥ
Ô Toi qui accordes aussitôt Ta grâce, je Te rends hommage.

384. Oṁ viśva sākṣiṇyai namaḥ
Ô Toi, le Témoin universel, je Te rends hommage.

385. Oṁ sākṣi varjitāyai namaḥ
Ô Toi qui n'as pas de témoin, je Te rends hommage.

386. Oṁ ṣaḍaṅga devatā yuktāyai namaḥ
Ô Toi qu'entourent les six déesses qui gouvernent le cœur, la tête, les cheveux, les yeux, l'armure et les armes, je Te rends hommage.

387. Oṁ ṣāḍguṇya pari pūritāyai namaḥ
Ô Toi qui possèdes dans leur plénitude les six bonnes qualités, je Te rends hommage.

388. Oṁ nitya klinnāyai namaḥ
Ô Toi dont la compassion est éternelle, je Te rends hommage.

389. Oṁ nirupamāyai namaḥ
Ô Toi, l'Incomparable, je Te rends hommage.

390. Oṁ nirvāṇa sukha dāyinyai namaḥ

Ô Toi qui accordes la béatitude du *nirvana*, je Te rends hommage.

391. Oṁ nityā ṣoḍaśikā rūpāyai namaḥ
Ô Toi qui as la forme des seize *nityas,* je Te rends hommage.

392. Oṁ śrīkaṇṭhārdha śarīriṇyai namaḥ
Ô Toi dont le corps est la moitié de Shiva sous la forme d'Ardhanarishwara, mi-féminine, mi-masculine, je Te rends hommage.

393. Oṁ prabhāvatyai namaḥ
Ô Déesse lumineuse, je Te rends hommage.

394. Oṁ prabhā rūpāyai namaḥ
Ô Toi qui es la lumière même, je Te rends hommage.

395. Oṁ prasiddhāyai namaḥ
Ô Toi qui es glorifiée, je Te rends hommage.

396. Oṁ parameśvaryai namaḥ
Ô Toi, Souveraine suprême, je Te rends hommage.

397. Oṁ mūla prakṛtyai namaḥ
Ô Toi, la Cause primordiale de l'univers, je Te rends hommage.

398. Oṁ avyaktāyai namaḥ
Ô Toi, l'état non-manifesté de l'univers, je Te rends hommage.

399. Oṁ vyaktāvyakta svarūpiṇyai namaḥ
Ô Toi, l'état manifesté et l'état non-manifesté de l'univers, je Te rends hommage.

400. Oṁ vyāpinyai namaḥ
Ô Devi, présente en tout, je Te rends hommage.

401. Oṁ vividhākārāyai namaḥ
Ô Toi qui as une multitude de formes, je Te rends hommage.

402. Oṁ vidyāvidyā svarūpiṇyai namaḥ
Ô Toi, l'ignorance et la Connaissance, je Te rends hommage.

403. Oṁ mahā kāmeśa nayana kumudāhlāda kaumudyai namaḥ
Ô Toi, la lune qui fait éclore les nénuphars que sont les yeux de ton époux, je Te rends hommage.

404. Oṁ bhakta hārda tamo bheda bhānumad bhānu santatyai namaḥ
Ô Toi qui détruis les ténèbres de l'ignorance dans le mental des dévots comme le soleil dissipe l'obscurité en ce monde, je Te rends hommage.

405. Oṁ śiva dūtyai namaḥ
Ô Toi dont Shiva fut le messager, je Te rends hommage.

406. Oṁ śivārādhyāyai namaḥ
Ô Toi que Shiva vénère, je Te rends hommage.

407. Oṁ śiva mūrtyai namaḥ
Ô Toi dont la forme est Shiva Lui-même, je Te rends hommage.

408. Oṁ śivaṅkaryai namaḥ
Ô Toi qui donnes ce qui est propice, qui transformes Tes dévots en Shiva, je Te rends hommage.

409. Oṁ śiva priyāyai namaḥ
Ô Toi, la Bien-aimée de Shiva, je Te rends hommage.

410. Oṁ śiva parāyai namaḥ
Ô Toi qui n’es vouée qu’à Shiva, je Te rends hommage.

411. Oṁ śiṣṭeṣṭāyai namaḥ
Ô Toi que chérissent les justes, je Te rends hommage.

412. Oṁ śiṣṭa pūjitāyai namaḥ
Ô Toi que vénèrent les justes, je Te rends hommage.

413. Oṁ aprameyāyai namaḥ
Ô Toi, l’Infini incommensurable, je Te rends hommage.

414. Oṁ svaprakāśāyai namaḥ
Tu es Ta propre source de lumière, Ô Devi, je Te rends hommage.

415. Oṁ mano vācām agocarāyai namaḥ
Ô Toi qui es au-delà du mental et de la parole, je Te rends hommage.

416. Oṁ cicchaktyai namaḥ
Ô Toi, le pouvoir de la Conscience, je Te rends hommage.

417. Oṁ cetanā rūpāyai namaḥ
Ô Toi, la pure Conscience, je Te rends hommage.

418. Oṁ jaḍa śaktyai namaḥ
Tu es Maya qui a pris la forme du Pouvoir de création, Ô Devi, je Te rends hommage.

419. Oṁ jaḍātmikāyai namaḥ
Ô Devi, Toi qui prends la forme du monde inanimé, je Te rends hommage.

420. Oṁ gāyatryai namaḥ
Ô Toi, le *Gayatri mantra*, je Te rends hommage.

421. Oṁ vyāhṛtyai namaḥ
Ô To qui gouvernes la puissance de la parole, je Te rends hommage.

422. Oṁ sandhyāyai namaḥ
Ô Toi qui prends la forme du crépuscule, je Te rends hommage.

423. Oṁ dvija vṛnda niṣevitāyai namaḥ
Ô Toi qu'adorent les deux fois nés, je Te rends hommage.

424. Oṁ tattvāsanāyai namaḥ
Ô Toi dont le siège est constitué par les 36 éléments cosmiques *(tattvas)*, je Te rends hommage.

425. Oṁ tasmai namaḥ
Ô Toi que désigne la syllabe mystique *tat* (Cela), je Te rends hommage.

426. Oṁ tubhyam namaḥ
Ô Toi à qui l'on s'adresse en employant le mot *tvam* (Tu), je Te rends hommage.

427. Oṁ ayyai namaḥ
Ô Toi à qui l'on s'adresse par le mot *ayi* (chère), je Te rends hommage.

428. Oṁ pañca kośāntara sthitāyai namaḥ
Ô Toi qu'entourent les cinq enveloppes *(kosha)*, je Te rends hommage.

429. Oṁ niḥsīma mahimne namaḥ
Ô Toi dont la gloire est infinie, je Te rends hommage.

430. Oṁ nitya yauvanāyai namaḥ
Ô Devi, éternellement jeune, je Te rends hommage.

431. **Oṁ mada śālinyai namaḥ**
Ô Devi, toujours ivre d'extase, je Te rends hommage.

432. **Oṁ mada ghūrṇita raktākṣyai namaḥ**
Ô Devi aux yeux rouges et renversés par l'extase, je Te rends hommage.

433. **Oṁ mada pāṭala gaṇḍa bhuve namaḥ**
Ô Toi dont les joues sont rouges de ravissement, je Te rends hommage.

434. **Oṁ candana drava digdhāṅgyai namaḥ**
Ô Toi dont le corps est enduit de pâte de santal, je Te rends hommage.

435. **Oṁ cāmpeya kusuma priyāyai namaḥ**
Ô Toi qui aimes la fleur de *champa,* je Te rends hommage.

436. **Oṁ kuśalāyai namaḥ**
Ô Toi, Déesse habile, je Te rends hommage.

437. **Oṁ komalākārāyai namaḥ**
Ô Devi à la forme gracieuse, je Te rends hommage.

438. Oṁ kurukullāyai namaḥ
Salutations à Toi, la *shakti kurukulla*.

439. Oṁ kuleśvaryai namaḥ
Ô Toi qui gouvernes la triade *kula* (le connaisseur, la connaissance et l'objet connu), je Te rends hommage.

440. Oṁ kula kuṇḍālayāyai namaḥ
Ô Toi, la divinité dans le *kulakunda* (*muladhara*, le 1er *chakra*), je Te rends hommage.

441. Oṁ kaula mārga tatpara sevitāyai namaḥ
Ô Toi que vénèrent les adeptes de la tradition *kaula,* je Te rends hommage.

442. Oṁ kumāra gaṇanāthāmbāyai namaḥ
Ô Devi, Mère de Kumara et de Gananatha, je Te rends hommage.

443. Oṁ tuṣṭyai namaḥ
Ô Toi qui es éternellement satisfaite, je Te rends hommage.

444. Oṁ puṣṭyai namaḥ

Ô Toi, la Puissance nourricière, je Te rends hommage.

445. Oṁ matyai namaḥ
Ô Toi qui te manifestes en tant qu'intelligence, je Te rends hommage.

446. Oṁ dhṛtyai namaḥ
Ô Toi, le Courage, je Te rends hommage.

447. Oṁ śāntyai namaḥ
Ô Toi, la Paix, je Te rends hommage.

448. Oṁ svasti matyai namaḥ
Ô Toi qui es la Vérité ultime, je Te rends hommage.

449. Oṁ kāntyai namaḥ
Ô Toi qui rayonnes, je Te rends hommage.

450. Oṁ nandinyai namaḥ
Ô Toi qui procures le ravissement, je Te rends hommage.

451. Oṁ vighna nāśinyai namaḥ
Ô Toi qui détruis les obstacles, je Te rends hommage.

452. Oṁ tejovatyai namaḥ
Ô Toi, la Splendeur, la Lumière, je Te rends hommage.

453. Oṁ tri nayanāyai namaḥ
Ô Toi, la Déesse aux trois yeux (le Soleil, la Lune et le feu), je Te rends hommage.

454. Oṁ lolākṣī kāma rūpiṇyai namaḥ
Ô Toi qui as la forme de *kama* (le désir amoureux) chez les femmes, je Te rends hommage.

455. Oṁ mālinyai namaḥ
Ô Toi qui portes des guirlandes ; la guirlande des 51 syllabes du *matrika,* je Te rends hommage.

456. Oṁ hamsinyai namaḥ
Ô Toi qui n'es pas séparée des *hamsas* (yogis), je Te rends hommage.

457. Oṁ mātre namaḥ
Ô Toi, la Mère de l'univers, je Te rends hommage.

458. Oṁ malayācala vāsinyai namaḥ
Ô Toi qui vis dans les montagnes Vidya, je Te rends hommage.

459. Oṁ sumukhyai namaḥ
Ô Toi, au visage charmant, je Te rends hommage.

460. Oṁ nalinyai namaḥ
Ô Toi dont le corps a la beauté et la douceur du lotus, je Te rends hommage.

461. Oṁ subhruve namaḥ
Ô Déesse aux beaux sourcils, je Te rends hommage.

462. Oṁ śobhanāyai namaḥ
Ô Toi, Beauté rayonnante, je Te rends hommage.

463. Oṁ suranāyikāyai namaḥ
Ô Toi qui guides les êtres célestes, je Te rends hommage.

464. Oṁ kāla kaṇṭhyai namaḥ
Ô Toi, l'Épouse de Shiva, je Te rends hommage.

465. Oṁ kāntimatyai namaḥ
Ô Déesse radieuse, je Te rends hommage.

466. Oṁ kṣobhiṇyai namaḥ
Ô Toi, la vibration primordiale (qui engendre le début de l'évolution de *prakriti*, la nature, au début d'un cycle de la création), je Te rends hommage.

467. Oṁ sūkṣma rūpiṇyai namaḥ
Ô Toi dont la forme est trop subtile pour être perçue par les organes des sens, je Te rends hommage.

468. Oṁ vajreśvaryai namaḥ
Ô Toi, la sixième déité *nitya*, la Déesse du lieu saint appelé *vajr,* je Te rends hommage.

469. Oṁ vāma devyai namaḥ
Ô Toi, l'Épouse de Vamadeva (Shiva), je Te rends hommage.

470. Oṁ vayovasthā vivarjitāyai namaḥ
Ô Toi qui ne connais pas le vieillissement et que le temps n'affecte pas, je Te rends hommage.

471. Oṁ siddheśvaryai namaḥ
Ô Déesse suprême que les êtres spirituels vénèrent, je Te rends hommage.

472. Oṁ siddha vidyāyai namaḥ
Ô Siddhavidya (le mantra de quinze syllabes), je Te rends hommage.

473. Oṁ siddha mātre namaḥ
Ô Mère des chercheurs spirituels, je Te rends hommage.

474. Oṁ yaśasvinyai namaḥ
Ô Toi dont la renommée est sans égale, je Te rends hommage.

475. Oṁ viśuddhi cakra nilayāyai namaḥ
Ô Toi qui demeures dans le *vishuddhi chakra* (*chakra* de la gorge), je Te rends hommage.

476. Oṁ ārakta varṇāyai namaḥ
Ô Toi qui as le teint rose, je Te rends hommage.

477. Oṁ tri locanāyai namaḥ
Ô Déesse aux troix yeux, je Te rends hommage.

478. Oṁ khaṭvāṅgādi praharaṇāyai namaḥ
Ô Toi qui tiens une massue et d'autres armes, je Te rends hommage.

479. Oṁ vadanaika samanvitāyai namaḥ
Ô Déesse au visage unique, je Te rends hommage.

480. Oṁ pāyasānna priyāyai namaḥ
Ô Toi qui aimes le pudding sucré, je Te rends hommage.

481. Oṁ tvaksthāyai namaḥ
Ô Déesse de l'organe du toucher (la peau), je Te rends hommage.

482. Oṁ paśu loka bhayaṅkaryai namaḥ
Ô Toi qui terrifies les mortels ignorants, je Te rends hommage.

483. Oṁ amṛtādi mahā śakti samvṛtāyai namaḥ
Ô Toi, la Déesse entourée par les seize *shaktis* dont la première est Amrita, je Te rends hommage.

484. Oṁ ḍākinīśvaryai namaḥ

Ô Toi, la divinité Dakini (décrite dans les neuf noms précédents), je Te rends hommage.

485. Oṁ anāhatābja nilayāyai namaḥ
Ô Toi qui demeures dans le lotus du cœur, *anahata chakra,* je Te rends hommage.

486. Oṁ śyāmābhāyai namaḥ
Ô Toi, la Déesse au teint sombre et lumineux, je Te rends hommage.

487. Oṁ vadana dvayāyai namaḥ
Ô Déesse aux deux visages, je Te rends hommage.

488. Oṁ damṣṭrojjvalāyai namaḥ
Ô Déesse aux canines brillantes, je Te rends hommage.

489. Oṁ akṣa mālādi dharāyai namaḥ
Ô Toi qui portes un rosaire de perles de *rudraksha* et autres, je Te rends hommage.

490. Oṁ rudhira samsthitāyai namaḥ
Ô Toi qui gouvernes le sang dans le corps des mortels, je Te rends hommage.

491. Oṁ kāla rātryādi śaktyaughavṛtāyai namaḥ
Ô Devi, Toi que servent Kalaratri et onze autres *shaktis*, je Te rends hommage.

492. Oṁ snigdhaudana priyāyai namaḥ
Ô Toi qui aimes les offrandes de riz et de *ghee*, je Te rends hommage.

493. Oṁ mahā vīrendra varadāyai namaḥ
Salutations à Toi qui accordes des faveurs aux grands héros.

494. Oṁ rākiṇyambā svarūpiṇyai namaḥ
Ô Mère qui prend la forme de Rakini (décrite dans les neuf noms précédents), je Te rends hommage.

495. Oṁ maṇipūrābja nilayāyai namaḥ
Ô Toi qui demeures dans le *manipura chakra* (à la hauteur du nombril), je Te rends hommage.

496. Oṁ vadana traya samyutāyai namaḥ
Ô Déesse aux trois visages, je Te rends hommage.

497. Oṁ vajrādikāyudhopetāyai namaḥ

Ô Toi qui es munie de la foudre *(vajra)* et d'autres armes, je Te rends hommage.

498. Oṁ ḍāmaryādibhir āvṛtāyai namaḥ
Ô Toi qui es entourée de dix *shaktis* dont la première est Dakini, je Te rends hommage.

499. Oṁ rakta varṇāyai namaḥ
Ô Déesse de couleur rouge, je Te rends hommage.

500. Oṁ māṁsa niṣṭhāyai namaḥ
Ô Toi qui gouvernes la chair des êtres vivants, je Te rends hommage.

501. Oṁ guḍānna prīta mānasāyai namaḥ
Ô Toi qui aimes le riz sucré, je Te rends hommage.

502. Oṁ samasta bhakta sukhadāyai namaḥ
Ô Toi qui accordes le bonheur à tous les dévots, je Te rends hommage.

503. Oṁ lākinyambā svarūpiṇyai namaḥ
Ô Mère qui prend la forme de Lakini (décrite dans les huit mantras précédents), je Te rends hommage.

504. Oṁ svādhiṣṭhānāmbuja gatāyai namaḥ
Ô Toi qui demeures dans le lotus aux six pétales du *svadhishtana chakra* (situé au niveau du coccyx), je Te rends hommage.

505. Oṁ catur vaktra manoharāyai namaḥ
Ô Déesse aux quatre visages, enchanteresse du mental, je Te rends hommage.

506. Oṁ śūlādyāyudha sampannāyai namaḥ
Ô Déesse qui tient le trident et toutes les autres armes, je Te rends hommage.

507. Oṁ pīta varṇāyai namaḥ
Ô Déesse de couleur dorée, je Te rends hommage.

508. Oṁ ati garvitāyai namaḥ
Ô Toi, Déesse, fière de Ses armes et de Sa captivante beauté, je Te rends hommage.

509. Oṁ medo niṣṭhāyai namaḥ
Ô Toi qui demeures dans les tissus gras chez les êtres vivants, je Te rends hommage.

510. Oṁ madhu prītāyai namaḥ
Ô Toi qui aimes les offrandes de miel, je Te rends hommage.

511. Oṁ bandhinyādi samanvitāyai namaḥ
Ô Déesse, entourée de Bandhini et de cinq autres *shaktis*, je Te rends hommage.

512. Oṁ dadhyannāsakta hṛdayāyai namaḥ
Ô Toi qui aimes les offrandes de yaourt, je Te rends hommage.

513. Oṁ kākinī rūpa dhāriṇyai namaḥ
Ô Mère Kakini (décrite dans les neuf mantras précédents), je Te rends hommage.

514. Oṁ mūlādhārāmbujārūḍhāyai namaḥ
Ô Toi qui résides dans le lotus aux quatre pétales du *muladhara chakra*, je Te rends hommage.

515. Oṁ pañca vaktrāyai namaḥ
Ô Déesse aux cinq visages, je Te rends hommage.

516. Oṁ asthi samsthitāyai namaḥ
Ô Toi qui demeures dans les os, je Te rends hommage.

517. Oṁ aṅkuśādi praharaṇāyai namaḥ
Ô Déesse munie de l'aiguillon et d'autres armes, je Te rends hommage.

518. Oṁ varadādi niṣevitāyai namaḥ
Ô Toi que servent Varada et trois autres *shaktis*, je Te rends hommage.

519. Oṁ mudgaudanāsakta cittāyai namaḥ
Ô Toi qui aimes les offrandes de riz et de légumineuses bouillies, je Te rends hommage.

520. Oṁ sākinyambā svarūpiṇyai namaḥ
Ô Mère Sakini (décrite dans les six mantras précédents), je Te rends hommage.

521. Oṁ ājñā cakrābja nilayāyai namaḥ
Ô Toi qui demeures dans le lotus à deux pétales de l'*ajna chakra* (situé entre les deux sourcils), je Te rends hommage.

522. Oṁ śukla varṇāyai namaḥ
Ô Déesse au teint blanc, je Te rends hommage.

523. Oṁ ṣaḍ ānanāyai namaḥ

Ô Déesse aux six visages, je Te rends hommage.

524. Oṁ majjā samsthāyai namaḥ
Ô Toi qui gouvernes la moëlle épinière chez les êtres vivants, je Te rends hommage.

525. Oṁ hamsa vatī mukhya śakti samanvitāyai namaḥ
Ô Déesse que servent Hamsavati et d'autres *shaktis*, je Te rends hommage.

526. Oṁ haridrānnaika rasikāyai namaḥ
Ô Toi qui aimes les offrandes de riz au safran, je Te rends hommage.

527. Oṁ hākinī rūpa dhāriṇyai namaḥ
Ô Mère Hakini (décrite dans les six mantras précédents), je Te rends hommage.

528. Oṁ sahasra dala padmasthāyai namaḥ
Ô Toi qui demeures dans le lotus aux mille pétales du *sahasrara*, je Te rends hommage.

529. Oṁ sarva varṇopaśobhitāyai namaḥ
Ô Toi qui brilles de toutes les couleurs du spectre, je Te rends hommage.

530. Oṁ sarvāyudha dharāyai namaḥ
Ô Déesse, munie de toutes les armes qui existent, je Te rends hommage.

531. Oṁ śukla samsthitāyai namaḥ
Ô Toi qui résides dans le sperme, je Te rends hommage.

532. Oṁ sarvatomukhyai namaḥ
Ô Toi qui a des visages tournés dans toutes les directions, je Te rends hommage.

533. Oṁ sarvaudana prīta cittāyai namaḥ
Ô Toi qui aimes toutes les offrandes de nourriture, je Te rends hommage.

534. Oṁ yākinyambā svarūpiṇyai namaḥ
Ô Mère Yakini (décrite dans les six mantras précédents), je Te rends hommage.

535. Oṁ svāhāyai namaḥ
Salutations à Toi, objet de *svaha*, l'invocation prononcée à la fin des mantras qui accompagnent les oblations faites dans le feu sacrificiel.

536. Oṁ svadhāyai namaḥ
Ô Toi, objet de *svadha*, l'invocation finale des mantras qui accompagne les oblations faites aux mânes des ancêtres, je Te rends hommage.

537. Oṁ amatyai namaḥ
Ô Toi, l'ignorance, je Te rends hommage.

538. Oṁ medhāyai namaḥ
Ô Toi, la Sagesse (Connaissance), je Te rends hommage.

539. Oṁ śrutyai namaḥ
Ô Toi, *shruti*, (les Védas), je Te rends hommage.

540. Oṁ smṛtyai namaḥ
Ô Toi, *smriti* (autres Écritures), je Te rends hommage.

541. Oṁ anuttamāyai namaḥ
Salutations à Toi, à qui nul n'est supérieur.

542. Oṁ puṇya kīrtyai namaḥ
Chanter Tes louanges confère des mérites, Ô Devi, je Te rends hommage.

543. Oṁ puṇya labhyāyai namaḥ
Ô Toi, que l'on ne peut atteindre que par le mérite, je Te rends hommage.

544. Oṁ puṇya śravaṇa kīrtanāyai namaḥ
Tu accordes des mérites à ceux qui écoutent ou qui chantent Ta gloire, Ô Devi, je Te rends hommage.

545. Oṁ pulomajārcitāyai namaḥ
Ô Toi que vénère Pulomaja, l'Épouse d'Indra, je Te rends hommage.

546. Oṁ bandha mocinyai namaḥ
Ô Toi qui libères de tous les liens (du *samsara*), je Te rends hommage.

547. Oṁ barbarālakāyai namaḥ
Ô Déesse aux cheveux bouclés, je Te rends hommage.

548. Oṁ vimarśa rūpiṇyai namaḥ
Ô Devi, Tu prends la forme de *vimarsha* (la vibration primordiale), je Te rends hommage.

549. Oṁ vidyāyai namaḥ
Ô Toi, la Connaissance (qui donne la réalisation), je Te rends hommage.

550. Oṁ viyadādi jagat prasuve namaḥ
Ô Toi, Mère de l'univers formé par l'éther et les autres éléments, je Te rends hommage.

551. Oṁ sarva vyādhi praśamanyai namaḥ
Ô Toi qui guéris tous les maux, je Te rends hommage.

552. Oṁ sarva mṛtyu nivāriṇyai namaḥ
Ô Toi qui préviens toutes les formes de mort, je Te rends hommage.

553. Oṁ agra gaṇyāyai namaḥ
Ô Toi, à qui l'on doit donner la prééminence en tout, je Te rends hommage.

554. Oṁ acintya rūpāyai namaḥ
Ô Toi qui es au-delà de la pensée, je Te rends hommage.

555. Oṁ kali kalmaṣa nāśinyai namaḥ
Ô Toi qui détruis les péchés du *kali yuga* (époque de dégénérescence), je Te rends hommage.

556. Oṁ kātyāyanyai namaḥ
Ô Katyayani, fille du sage Kata, lumière de toutes les divinités réunies, je Te rends hommage.

557. Oṁ kāla hantryai namaḥ
Ô Toi qui mets fin au temps (la mort), je Te rends hommage.

558. Oṁ kamalākṣa niṣevitāyai namaḥ
Ô Toi que vénère Vishnu aux yeux de lotus, je Te rends hommage.

559. Oṁ tāmbūla pūrita mukhyai namaḥ
Ô Toi dont la bouche est pleine de bétel, je Te rends hommage.

560. Oṁ dāḍimī kusuma prabhāyai namaḥ
Ô Toi qui as l'éclat de la fleur de grenadier, je Te rends hommage.

561. Oṁ mṛgākṣyai namaḥ
Ô Déesse aux yeux de biche, je Te rends hommage.

562. Oṁ mohinyai namaḥ
Ô Devi à la beauté enchanteresse, je Te rends hommage.

563. Oṁ mukhyāyai namaḥ
Ô Toi la Manifestation première, je Te rends hommage.

564. Oṁ mṛḍānyai namaḥ
Ô Toi, l'Épouse de Mrida, Celui qui donne le bonheur (Shiva), je Te rends hommage.

565. Oṁ mitra rūpiṇyai namaḥ
Ô Toi, l'amie de tous, je Te rends hommage.

566. Oṁ nitya tṛptāyai namaḥ
Ô Devi, éternellement contente et heureuse, je Te rends hommage.

567. Oṁ bhakta nidhaye namaḥ
Ô Toi, Trésor de Tes dévots, je Te rends hommage.

568. Oṁ niyantryai namaḥ
Ô Guide et Souveraine de tous les êtres, je Te rends hommage.

569. Oṁ nikhileśvaryai namaḥ
Ô Souveraine de tous les mondes, je Te rends hommage.

570. Oṁ maitryādi vāsanā labhyāyai namaḥ
Ô Toi que l'on atteint grâce à la bonté aimante et à d'autres dispositions bénéfiques, je Te rends hommage.

571. Oṁ mahā pralaya sākṣiṇyai namaḥ
Ô Toi, le Témoin de la dissolution de l'ensemble du cosmos, je Te rends hommage.

572. Oṁ parāśaktyai namaḥ
Ô Toi, la Puissance suprême, je Te rends hommage.

573. Oṁ parāniṣṭhāyai namaḥ
Ô Toi, le But, la Demeure suprême, je Te rends hommage.

574. Oṁ prajñāna ghana rūpiṇyai namaḥ
Ô Toi, Connaissance pure et condensée, je Te rends hommage.

575. Oṁ mādhvī pānālasāyai namaḥ
Ô Devi, Toi que le vin de l'extase rend indolente, je Te rends hommage.

576. Oṁ mattāyai namaḥ
Ô Toi, ivre du vin de l'extase, je Te rends hommage.

577. Oṁ mātṛkā varṇa rūpiṇyai namaḥ
Ô Toi qui prends la forme des lettres de l'alphabet, je Te rends hommage.

578. Oṁ mahā kailāsa nilayāyai namaḥ
Ô Toi dont la demeure est le Mont Kailash, je Te rends hommage.

579. Oṁ mṛṇāla mṛdu dor latāyai namaḥ
Ô Déesse aux bras fins et tendres comme des tiges de lotus, je Te rends hommage.

580. Oṁ mahanīyāyai namaḥ
Ô Déesse digne d'adoration, je Te rends hommage.

581. Oṁ dayā mūrtyai namaḥ
Ô Incarnation de la compassion, je Te rends hommage.

582. Oṁ mahā sāmrājya śālinyai namaḥ
Ô Toi dont l'empire est l'ensemble de l'univers, je Te rends hommage.

583. Oṁ ātma vidyāyai namaḥ
Ô Toi, la connaissance du Soi, je Te rends hommage.

584. Oṁ mahāvidyāyai namaḥ
Ô Toi, la Connaissance suprême (celle du Soi), je Te rends hommage.

585. Oṁ śrī vidyāyai namaḥ
Ô Toi, la Connaissance sacrée (ou le mantra de quinze lettres), je Te rends hommage.

586. Oṁ kāma sevitāyai namaḥ
Ô Toi que Kama (le dieu de l'amour) vénère, je Te rends hommage.

587. Oṁ śrī ṣoḍaśākṣarī vidyāyai namaḥ
Ô Toi, le mantra de Devi (qui comprend seize lettres), je Te rends hommage.

588. Oṁ trikūṭāyai namaḥ
Ô Toi qui formes les trois groupes de lettres du mantra *sri vidya*, je Te rends hommage.

589. Oṁ kāma koṭikāyai namaḥ
Ô Toi dont Kama n'est qu'une partie, je Te rends hommage.

590. Oṁ kaṭākṣa kiṅkarī bhūta kamalā koṭi sevitāyai namaḥ
Ô Toi que servent des millions de Lakshmi subjuguées par Tes regards, je Te rends hommage.

591. Oṁ śiraḥ sthitāyai namaḥ
Ô Toi qui demeures dans le *sahasrara* (le *chakra* au sommet de la tête), je Te rends hommage.

592. Oṁ candra nibhāyai namaḥ
Ô Toi qui brilles avec l'éclat de la lune, je Te rends hommage.

593. Oṁ bhālasthāyai namaḥ
Ô Toi, le *bindu* qui réside entre les deux sourcils, je Te rends hommage.

594. Oṁ indra dhanuḥ prabhāyai namaḥ
Ô Toi qui brilles dans les couleurs de l'arc-en-ciel, je Te rends hommage.

595. Oṁ hṛdayasthāyai namaḥ
Ô Toi qui demeures dans le cœur, je Te rends hommage.

596. Oṁ ravi prakhyāyai namaḥ
Ô Toi qui as l'éclat éblouissant du soleil, je Te rends hommage.

597. Oṁ tri koṇāntara dīpikāyai namaḥ
Ô Toi, Lumière qui brille au centre du *chakra muladhara,* je Te rends hommage.

598. Oṁ dākṣāyaṇyai namaḥ
Ô Toi qui a pris la forme de la fille de Daksha, je Te rends hommage.

599. Oṁ daitya hantryai namaḥ
Ô Toi qui anéantis les démons, je Te rends hommage.

600. Oṁ dakṣa yajña vināśinyai namaḥ
Ô Toi qui as détruit le sacrifice de Daksha, je Te rends hommage.

601. Oṁ darāndolita dīrghākṣyai namaḥ

Ô Déesse dont les yeux en amande frémissent (d'amour divin), je Te rends hommage.

602. Oṁ dara hāsojjvalan mukhyai namaḥ
Ô Déesse dont le visage est éclairé d'un doux sourire, je Te rends hommage.

603. Oṁ guru mūrtaye namaḥ
Ô Toi qui prends la forme du guru, je Te rends hommage.

604. Oṁ guṇa nidhaye namaḥ
Ô Trésor de vertus, je Te rends hommage.

605. Oṁ go mātre namaḥ
Ô Surabhi, la vache qui exauce les désirs, Mère du langage, je Te rends hommage.

606. Oṁ guha janma bhuve namaḥ
Ô Mère de Kartikeya, je Te rends hommage.

607. Oṁ deveśyai namaḥ
Ô Souveraine de tous les dieux, je Te rends hommage.

608. Oṁ daṇḍa nītisthāyai namaḥ
Ô Toi qui fais respecter la justice, je Te rends hommage.

609. Oṁ daharākāśa rūpiṇyai namaḥ
Ô Toi, le Soi subtil dans le cœur, je Te rends hommage.

610. Oṁ pratipan mukhya rākānta tithi maṇḍala pūjitāyai namaḥ
Ô Toi que l'on adore quotidiennement du premier jour de la lune croissante jusqu'à la pleine lune, je Te rends hommage.

611. Oṁ kalātmikāyai namaḥ
Ô Toi qui es toutes les phases *(kalas)* de la lune, je Te rends hommage.

612. Oṁ kalā nāthāyai namaḥ
Ô Toi qui gouvernes les phases de la lune, je Te rends hommage.

613. Oṁ kāvyālāpa vinodinyai namaḥ
Ô Toi dont la poésie fait les délices, je Te rends hommage.

614. Oṁ sacāmara ramā vāṇī savya dakṣiṇa sevitāyai namaḥ
Ô Toi, la Déesse que servent Lakshmi (à sa gauche) et Sarasvati (à sa droite) portant des éventails de cérémonie, je Te rends hommage.

615. Oṁ ādiśaktyai namaḥ
Ô Toi, la Puissance primordiale, cause de l'univers, je Te rends hommage.

616. Oṁ ameyāyai namaḥ
Ô Toi dont la grandeur est incommensurable, je Te rends hommage.

617. Oṁ ātmane namaḥ
Ô Toi, le Soi (l'âme) qui est en chacun, je Te rends hommage.

618. Oṁ paramāyai namaḥ
Ô Toi qui es aussi le Soi suprême, je Te rends hommage.

619. Oṁ pāvanākṛtaye namaḥ
Ô Toi dont la forme est sacrée, je Te rends hommage.

620. Oṁ aneka koṭi brahmāṇḍa jananyai namaḥ
Ô Toi, la Créatrice de plusieurs millions de mondes, je Te rends hommage.

621. Oṁ divya vigrahāyai namaḥ
Ô Toi dont la forme est divine, je Te rends hommage.

622. Oṁ klīṅkāryai namaḥ
Ô Toi, Créatrice de la syllabe sacrée *klim,* je Te rends hommage.

623. Oṁ kevalāyai namaḥ
Ô Toi, l'Absolu indépendant dépourvu de tout attribut, Toi la Plénitude, je Te rends hommage.

624. Oṁ guhyāyai namaḥ
Ô Toi, la Connaissance secrète, je Te rends hommage.

625. Oṁ kaivalya pada dāyinyai namaḥ
Ô Toi qui confères *kaivalya*, l'état de béatitude absolue, je Te rends hommage.

626. Oṁ tripurāyai namaḥ
Ô Toi, la Déesse plus ancienne que la trinité (Brahma, Vishnu, Shiva), je Te rends hommage.

627. Oṁ trijagad vandyāyai namaḥ
Ô Toi que les trois mondes vénèrent, je Te rends hommage.

628. Oṁ tri mūrtaye namaḥ
Ô Toi, la trinité (Brahma, Vishnu et Shiva), je Te rends hommage.

629. Oṁ tridaśeśvaryai namaḥ
Ô Toi qui gouvernes les divinités *(tridasas)*, je Te rends hommage.

630. Oṁ tryakṣaryai namaḥ
Ô Toi, les trois parties du mantra *pancadasi* (mantra de *sri vidya*), je Te rends hommage.

631. Oṁ divya gandhāḍhyāyai namaḥ
Ô Déesse au divin parfum, je Te rends hommage.

632. Oṁ sindūra tilakāñcitāyai namaḥ
Ô Toi qui portes une marque de vermillon sur le front, je Te rends hommage.

633. Oṁ umāyai namaḥ
Ô Toi, Uma (Parvati Devi), je Te rends hommage.

634. Oṁ śailendra tanayāyai namaḥ
Ô Toi, la fille de l'Himalaya, je Te rends hommage.

635. Oṁ gauryai namaḥ
Ô Gauri (au teint blanc), je Te rends hommage.

636. Oṁ gandharva sevitāyai namaḥ
Ô Toi que servent les Gandharvas (musiciens célestes), je Te rends hommage.

637. Oṁ viśva garbhāyai namaḥ
Ô Déesse qui porte l'univers en son sein, je Te rends hommage.

638. Oṁ svarṇa garbhāyai namaḥ
Ô Devi, Cause de l'univers, je Te rends hommage.

639. Oṁ avaradāyai namaḥ
Ô Toi qui détruis les ignobles démons, je Te rends hommage.

640. Oṁ vāg adhīśvaryai namaḥ
Ô Déesse de la parole, je Te rends hommage.

641. Oṁ dhyāna gamyāyai namaḥ

Ô Toi que l'on atteint par la méditation, je Te rends hommage.

642. Oṁ apari cchedyāyai namaḥ
Ô Toi, l'Infini sans limite, je Te rends hommage.

643. Oṁ jñānadāyai namaḥ
Ô Toi qui accordes la Connaissance suprême, je Te rends hommage.

644. Oṁ jñāna vigrahāyai namaḥ
Ô Toi, l'incarnation de la Connaissance suprême, je Te rends hommage.

645. Oṁ sarva vedānta samvedyāyai namaḥ
Ô Toi qui es le sujet de toutes les Upanishads (le Védanta), je Te rends hommage.

646. Oṁ satyānanda svarūpiṇyai namaḥ
Ô Toi, Connaissance et Béatitude, je Te rends hommage.

647. Oṁ lopāmudrārcitāyai namaḥ
Ô Déesse adorée par Lopamudra, l'épouse du sage Agastya, je Te rends hommage.

648. Oṁ līlā kḷpta brahmāṇḍa maṇḍalāyai namaḥ
Ô Toi pour qui la création de nombreux univers est un simple jeu, je Te rends hommage.

649. Oṁ adṛśyāyai namaḥ
Ô Toi que les organes des sens ne peuvent percevoir, je Te rends hommage.

650. Oṁ dṛśya rahitāyai namaḥ
Ô Toi qui transcendes le domaine du visible, je Te rends hommage.

651. Oṁ vijñātryai namaḥ
Ô Toi qui connais la vérité de cet univers, je Te rends hommage.

652. Oṁ vedya varjitāyai namaḥ
Ô Toi qui n'as plus rien à connaître, je Te rends hommage.

653. Oṁ yoginyai namaḥ
Ô Yogini, toujours unie à Parashiva, je Te rends hommage.

654. Oṁ yogadāyai namaḥ

Ô Toi qui as le pouvoir d'accorder le *yoga* (l'union avec Dieu), je Te rends hommage.

655. Oṁ yogyāyai namaḥ
Ô Toi qui mérites toutes les formes de *yoga*, je Te rends hommage.

656. Oṁ yogānandāyai namaḥ
Ô Béatitude que l'on obtient par le *yoga*, je Te rends hommage.

657. Oṁ yugandharāyai namaḥ
Ô Déesse qui portes les quatre âges *(yugas)*, je Te rends hommage.

658. Oṁ icchā śakti jñāna śakti kriyā śakti svarūpiṇyai namaḥ
Ô Toi, le pouvoir de la volonté, de la connaissance et de l'action, je Te rends hommage.

659. Oṁ sarvādhārāyai namaḥ
Ô Support de tout, je Te rends hommage.

660. Oṁ supratiṣṭhāyai namaḥ
Ô Toi qui es fermement établie, je Te rends hommage.

661. Oṁ sad asad rūpa dhāriṇyai namaḥ
Ô Toi dont la forme est l'être et le non-être *(sat* et *asat)*, je Te rends hommage.

662. Oṁ aṣṭa mūrtyai namaḥ
Ô Déesse à la forme octuple, je Te rends hommage.

663. Oṁ ajā jaitryai namaḥ
Ô Toi qui nous aides à vaincre l'ignorance, je Te rends hommage.

664. Oṁ loka yātrā vidhāyinyai namaḥ
Ô Toi qui diriges le processus cosmique, je Te rends hommage.

665. Oṁ ekākinyai namaḥ
Salutations à Toi, l'Unique.

666. Oṁ bhūma rūpāyai namaḥ
Ô Toi, l'ensemble de tout ce qui existe, je Te rends hommage.

667. Oṁ nirdvaitāyai namaḥ
Ô Toi qui n'as pas le sentiment de la dualité, je Te rends hommage.

668. Oṁ dvaita varjitāyai namaḥ

Ô Toi qui es sans dualité, je Te rends hommage.

669. Oṁ annadāyai namaḥ
Ô Déesse qui donnes à tous leur nourriture, je Te rends hommage.

670. Oṁ vasudāyai namaḥ
Ô Toi qui donnes les richesses, je Te rends hommage.

671. Oṁ vṛddhāyai namaḥ
Ô Toi, l'Ancienne, je Te rends hommage.

672. Oṁ brahmātmaikya svarūpiṇyai namaḥ
Ô Toi, le symbole de l'union de *Brahman* et de l'*atman,* je Te rends hommage.

673. Oṁ bṛhatyai namaḥ
Ô Toi, l'Immense, je Te rends hommage.

674. Oṁ brāhmaṇyai namaḥ
Ô Toi, en qui la *guna* de *sattva* prédomine, je Te rends hommage.

675. Oṁ brāhmyai namaḥ
Ô Toi qui présides à la parole, je Te rends hommage.

676. Oṁ brahmānandāyai namaḥ
Ô Toi, la béatitude de Brahman, je Te rends hommage.

677. Oṁ bali priyāyai namaḥ
Ô Toi qui aimes les offrandes rituelles, je Te rends hommage.

678. Oṁ bhāṣā rūpāyai namaḥ
Ô Toi qui prends la forme du langage, je Te rends hommage.

679. Oṁ bṛhat senāyai namaḥ
Ô Toi qui commandes une puissante armée, je Te rends hommage.

680. Oṁ bhāvābhāva vivarjitāyai namaḥ
Ô Toi qui es au-delà de l'être et du non-être, je Te rends hommage.

681. Oṁ sukhārādhyāyai namaḥ
Ô Toi qu'il est aisé de vénérer, je Te rends hommage.

682. Oṁ śubha karyai namaḥ
Ô Toi qui donnes ce qui est favorable, je Te rends hommage.

683. Oṁ śobhanā sulabhā gatyai namaḥ

Ô Toi que l'on peut atteindre en suivant une voie lumineuse et aisée, je Te rends hommage.

684. **Oṁ rāja rājeśvaryai namaḥ**
Ô Souveraine des rois et des empereurs, je Te rends hommage.

685. **Oṁ rājya dāyinyai namaḥ**
Ô Toi qui accordes la souveraineté, je Te rends hommage.

686. **Oṁ rājya vallabhāyai namaḥ**
Ô Toi qui protèges les souverains, je Te rends hommage.

687. **Oṁ rājat kṛpāyai namaḥ**
Ô Toi dont la compassion captive tous les êtres, je Te rends hommage.

688. **Oṁ rāja pīṭha niveśita nijāśritāyai namaḥ**
Ô Toi qui élèves Tes dévots à un statut royal, je Te rends hommage.

689. **Oṁ rājya lakṣmyai namaḥ**
Ô Incarnation de la Souveraineté, je Te rends hommage.

690. Oṁ kośa nāthāyai namaḥ
Ô Toi, la Souveraine du Trésor, je Te rends hommage.

691. Oṁ catur aṅga baleśvaryai namaḥ
Ô Devi, chacun de Tes quatre bras commande des armées bien équipées, je Te rends hommage.

692. Oṁ sāmrājya dāyinyai namaḥ
Ô Toi qui accordes la souveraineté impériale, je Te rends hommage.

693. Oṁ satya sandhāyai namaḥ
Ô Toi qui es vouée à la vérité, je Te rends hommage.

694. Oṁ sāgara mekhalāyai namaḥ
Ô Toi dont les océans forment la ceinture, je Te rends hommage.

695. Oṁ dīkṣitāyai namaḥ
Ô Toi qui observes un vœu, je Te rends hommage.

696. Oṁ daitya śamanyai namaḥ
Ô Devi, Toi qui anéantis les forces mauvaises, je Te rends hommage.

697. **Oṁ sarva loka vaśaṅkaryai namaḥ**
Ô Toi qui gouvernes tous les mondes, je Te rends hommage.

698. **Oṁ sarvārtha dātryai namaḥ**
Ô Toi qui exauces tous les désirs, je Te rends hommage.

699. **Oṁ sāvitryai namaḥ**
Ô Toi, la Puissance créatrice, je Te rends hommage.

700. **Oṁ sac cid ānanda rūpiṇyai namaḥ**
Ô Toi dont la forme est pur Être-Conscience-Béatitude, je Te rends hommage.

701. **Oṁ deśa kālāparicchinnāyai namaḥ**
Ô Toi qui transcendes le temps et l'espace, je Te rends hommage.

702. **Oṁ sarvagāyai namaḥ**
Ô Toi qui es présente en tous les êtres et en tous les mondes, je Te rends hommage.

703. **Oṁ sarva mohinyai namaḥ**
Ô Devi, Toi qui enchantes tous les êtres, je Te rends hommage.

704. Oṁ sarasvatyai namaḥ
Ô Sarasvati (Déesse de la Connaissance), je Te rends hommage.

705. Oṁ śāstramayyai namaḥ
Ô Devi, Incarnation des Écritures, je Te rends hommage.

706. Oṁ guhāmbāyai namaḥ
Ô Toi qui résides dans la grotte du coeur, Mère de Subrahmanya, je Te rends hommage.

707. Oṁ guhya rūpiṇyai namaḥ
Ô Toi dont la forme est secrète, je Te rends hommage.

708. Oṁ sarvopādhi vinirmuktāyai namaḥ
Ô Toi qui es libre de toute limitation, je Te rends hommage.

709. Oṁ sadāśiva pativratāyai namaḥ
Ô Toi, l'Épouse dévouée de Sadashiva, je Te rends hommage.

710. Oṁ sampradāyeśvaryai namaḥ
Ô Toi, la Gardienne des traditions sacrées, je Te rends hommage.

711. Oṁ sādhune namaḥ
Ô Devi, Toi qui possèdes l'équanimité, je Te rends hommage.

712. Oṁ yai namaḥ
Ô Toi qui es désignée par la syllabe I, je Te rends hommage.

713. Oṁ guru maṇḍala rūpiṇyai namaḥ
Ô Toi qui te manifestes par la lignée des gurus, je Te rends hommage.

714. Oṁ kulottīrṇāyai namaḥ
Ô Toi qui transcendes la sphère des sens, y compris le mental, je Te rends hommage.

715. Oṁ bhagārādhyāyai namaḥ
Ô Toi qui es adorée dans le disque solaire, je Te rends hommage.

716. Oṁ māyāyai namaḥ
Ô Toi, l'Illusion, je Te rends hommage.

717. Oṁ madhumatyai namaḥ
Ô Devi dont la nature est aussi douce que le miel, je Te rends hommage.

718. Oṁ mahyai namaḥ
Ô Toi, la Déesse Terre, je Te rends hommage.

719. Oṁ gaṇāmbāyai namaḥ
Ô Devi, Mère des serviteurs de Shiva, je Te rends hommage.

720. Oṁ guhyakārādhyāyai namaḥ
Ô Toi que les *guhyakas* (sortes de dieux) adorent, je Te rends hommage.

721. Oṁ komalāṅgyai namaḥ
Ô Devi, aux membres délicats et charmants, je Te rends hommage.

722. Oṁ guru priyāyai namaḥ
Ô Devi, Bien-aimée de Shiva (le guru), je Te rends hommage.

723. Oṁ svatantrāyai namaḥ
Ô Toi, le seul être indépendant, je Te rends hommage.

724. Oṁ sarva tantreśyai namaḥ
Ô Devi, Toi qui présides à tous les *tantras*, je Te rends hommage.

725. Oṁ dakṣiṇā mūrti rūpiṇyai namaḥ

Ô Toi qui as pris la forme de Dakshinamurti (le premier guru, Shiva) je Te rends hommage.

726. Oṁ sanakādi samārādhyāyai namaḥ
Ô Toi que vénèrent Sanaka et les autres grands ascètes, je Te rends hommage.

727. Oṁ śiva jñāna pradāyinyai namaḥ
Ô Toi qui accordes la connaissance de l'Être suprême (Shiva), je Te rends hommage.

728. Oṁ cit kalāyai namaḥ
Ô Devi, la Conscience en Brahman, je Te rends hommage.

729. Oṁ ānanda kalikāyai namaḥ
Ô Devi, fleur en bouton de la béatitude divine, je Te rends hommage.

730. Oṁ prema rūpāyai namaḥ
Ô Toi, Amour pur, je Te rends hommage.

731. Oṁ priyaṅkaryai namaḥ
Ô Toi qui accordes aux dévots ce qu'ils chérissent, je Te rends hommage.

732. Oṁ nāma pārāyaṇa prītāyai namaḥ
Ô Toi que charme la récitation de Tes noms, je Te rends hommage.

733. Oṁ nandi vidyāyai namaḥ
Ô Toi, la Déesse adorée par le mantra *(vidya)* de Nandi, je Te rends hommage.

734. Oṁ naṭeśvaryai namaḥ
Ô Épouse de Nateshvara (le Seigneur de la danse, Shiva), je Te rends hommage.

735. Oṁ mithyā jagad adhiṣṭhānāyai namaḥ
Ô Toi, le fondement de l'univers illusoire, je Te rends hommage.

736. Oṁ mukti dāyai namaḥ
Ô Toi qui accordes la libération, je Te rends hommage.

737. Oṁ mukti rūpiṇyai namaḥ
Ô Toi qui prends la forme de la libération, je Te rends hommage.

738. Oṁ lāsya priyāyai namaḥ

Ô Toi qui aimes la danse rythmée appelée *lasya* qu'exécutent les femmes, je Te rends hommage.

739. Oṁ laya karyai namaḥ
Ô Toi qui causes l'absorption, je Te rends hommage.

740. Oṁ lajjāyai namaḥ
Ô Toi qui es la retenue même, je Te rends hommage.

741. Oṁ rambhādi vanditāyai namaḥ
Ô Toi que vénèrent Rambha et les autres danseuses célestes, je Te rends hommage.

742. Oṁ bhava dāva sudhā vṛṣṭyai namaḥ
Ô Toi, la pluie de nectar qui éteint l'incendie du *samsara*, je Te rends hommage.

743. Oṁ pāpāraṇya davānalāyai namaḥ
Ô Toi, l'incendie qui brûle les forêts du péché, je Te rends hommage.

744. Oṁ daurbhāgya tūla vātūlāyai namaḥ
Ô Toi, le grand vent qui emporte les flocons du malheur, je Te rends hommage.

745. Oṁ jarā dhvānta ravi prabhāyai namaḥ
Ô Toi dont l'éclat dissipe les ténèbres de la vieillesse, je Te rends hommage.

746. Oṁ bhāgyābdhi candrikāyai namaḥ
Ô Toi, la pleine lune qui amène les marées de la bonne fortune, je Te rends hommage.

747. Oṁ bhakta citta keki ghanāghanāyai namaḥ
Ô Toi, le nuage de pluie qui fait danser les cœurs des dévots comme des paons, je Te rends hommage.

748. Oṁ roga parvata dambholaye namaḥ
Ô Toi, la foudre qui détruit la montagne de la maladie, je Te rends hommage.

749. Oṁ mṛtyu dāru kuṭhārikāyai namaḥ
Ô Toi, la hache qui coupe l'arbre de la mort, je Te rends hommage.

750. Oṁ maheśvaryai namaḥ
Ô Déesse suprême, je Te rends hommage.

751. Oṁ mahā kālyai namaḥ

Ô grande Kali, je Te rends hommage.

752. Oṁ mahā grāsāyai namaḥ
Ô grande Dévoreuse, je Te rends hommage.

753. Oṁ mahāśanāyai namaḥ
Ô Toi qui dévores l'univers, je Te rends hommage.

754. Oṁ aparṇāyai namaḥ
Ô Aparna, Toi qui n'as pas de dette, je Te rends hommage.

755. Oṁ caṇḍikāyai namaḥ
Ô Chandika, Tu es en colère contre ceux qui font le mal, je Te rends hommage.

756. Oṁ caṇḍa muṇḍāsura niṣūdinyai namaḥ
Ô Toi qui as détruit les démons Chanda et Munda, je Te rends hommage.

757. Oṁ kṣarākṣarātmikāyai namaḥ
Ô Toi, le périssable et l'Impérissable *(atman)*, je Te rends hommage.

758. Oṁ sarva lokeśyai namaḥ
Ô Devi, Souveraine de tous les mondes, je Te rends hommage.

759. Oṁ viśva dhāriṇyai namaḥ
Ô Support de l'univers, je Te rends hommage.

760. Oṁ tri varga dātryai namaḥ
Ô Toi qui accordes la triade des valeurs humaines (l'aspiration à faire des actes méritoires, la capacité et les moyens de les faire), je Te rends hommage.

761. Oṁ subhagāyai namaḥ
Ô Déesse de la prospérité, je Te rends hommage.

762. Oṁ tryambakāyai namaḥ
Ô Déesse aux trois yeux, je Te rends hommage.

763. Oṁ triguṇātmikāyai namaḥ
Ô Essence des trois *gunas* (les trois conditionnements de la nature), je Te rends hommage.

764. Oṁ svargāpavargadāyai namaḥ
Ô Toi qui accordes les plaisirs des mondes célestes et la béatitude éternelle de la libération, je Te rends hommage.

765. Oṁ śuddhāyai namaḥ
Ô Toi qui es pure, je Te rends hommage.

766. Oṁ japā puṣpa nibhākṛtyai namaḥ
Ô Toi dont le teint a la couleur de l'hibiscus, je Te rends hommage.

767. Oṁ ojovatyai namaḥ
Ô Toi qui débordes d'énergie, je Te rends hommage.

768. Oṁ dyuti dharāyai namaḥ
Ô Devi, Splendeur et Lumière divine, je Te rends hommage.

769. Oṁ yajña rūpāyai namaḥ
Ô Incarnation du sacrifice, je Te rends hommage.

770. Oṁ priya vratāyai namaḥ
Ô Toi qui aimes les vœux sacrés, je Te rends hommage.

771. Oṁ durārādhyāyai namaḥ
Ô Devi qu'il est difficile d'adorer, je Te rends hommage.

772. Oṁ durādharṣāyai namaḥ
Ô Toi que l'on ne peut contrôler, je Te rends hommage.

773. Oṁ pāṭalī kusuma priyāyai namaḥ
Ô Devi, Toi qui aimes la fleur de *patali* (fleur rouge pâle), je Te rends hommage.

774. Oṁ mahatyai namaḥ
Ô Devi dont la grandeur est suprême, je Te rends hommage.

775. Oṁ meru nilayāyai namaḥ
Ô Toi qui demeures sur le Mont Meru, je Te rends hommage.

776. Oṁ mandāra kusuma priyāyai namaḥ
Ô Toi qui aimes les fleurs de *mandara*, je Te rends hommage.

777. Oṁ vīrārādhyāyai namaḥ
Ô Toi que vénèrent les héros, je Te rends hommage.

778. Oṁ virāḍ rūpāyai namaḥ
Ô Toi dont le cosmos est la manifestation, je Te rends hommage.

779. Oṁ virajase namaḥ

Ô Toi qui es dépourvue de *rajas*, je Te rends hommage.

780. Oṁ viśvato mukhyai namaḥ
Ô Toi qui fais face à toutes les directions, je Te rends hommage.

781. Oṁ pratyag rūpāyai namaḥ
Ô Toi, le Soi intérieur, je Te rends hommage.

782. Oṁ parākāśāyai namaḥ
Ô Toi, l'éther transcendental, je Te rends hommage.

783. Oṁ prāṇadāyai namaḥ
Ô Toi qui donnes le *prana*, l'énergie vitale, je Te rends hommage.

784. Oṁ prāṇa rūpiṇyai namaḥ
Ô Toi qui es le *prana*, la vie, je Te rends hommage.

785. Oṁ mārtaṇḍa bhairavārādhyāyai namaḥ
Ô Toi que vénère Martanda Bhairava (Shiva), je Te rends hommage.

786. Oṁ mantriṇī nyasta rājya dhure namaḥ
Ô Toi qui as investi de Ton autorité royale Ta ministre Mantrini (Shyamalamba), je Te rends hommage.

787. Oṁ tripureśyai namaḥ
Ô Déesse Tripura, je Te rends hommage.

788. Oṁ jayat senāyai namaḥ
Ô Toi qui commandes des armées victorieuses, je Te rends hommage.

789. Oṁ nistraiguṇyāyai namaḥ
Ô Toi qui es dépourvue des trois *gunas (tamas, rajas, sattva)*, je Te rends hommage.

790. Oṁ parāparāyai namaḥ
Ô Toi, l'Absolu *(para)* et le relatif *(apara)*, je Te rends hommage.

791. Oṁ satya jñānānanda rūpāyai namaḥ
Ô Vérité, Connaissance et Béatitude, je Te rends hommage.

792. Oṁ sāmarasya parāyaṇāyai namaḥ

Ô Toi qui es fermement établie dans la sagesse, je Te rends hommage.

793. Oṁ kapardinyai namaḥ
Ô Toi, l'Épouse de Kapardin (Shiva aux cheveux emmêlés), je Te rends hommage.

794. Oṁ kalā mālāyai namaḥ
Ô Toi qui portes les 64 formes d'arts en guirlande, je Te rends hommage.

795. Oṁ kāma dughe namaḥ
Ô Toi, la vache céleste qui exauce tous les vœux, je Te rends hommage.

796. Oṁ kāma rūpiṇyai namaḥ
Ô Toi qui peux prendre n'importe quelle forme, je Te rends hommage.

797. Oṁ kalā nidhaye namaḥ
Ô Trésor de tous les arts, je Te rends hommage.

798. Oṁ kāvya kalāyai namaḥ
Ô Toi, l'art de la poésie, je Te rends hommage.

799. Oṁ rasa jñāyai namaḥ
Ô Toi qui connais tous les *rasas* (émotions), je Te rends hommage.

800. Oṁ rasa śevadhaye namaḥ
Ô Toi, le Trésor qui contient *rasa* (la béatitude de Brahman), je Te rends hommage.

801. Oṁ puṣṭāyai namaḥ
Ô Devi, toujours pleine de vigueur, je Te rends hommage.

802. Oṁ purātanāyai namaḥ
Ô Toi, l'Être le plus ancien, je Te rends hommage.

803. Oṁ pūjyāyai namaḥ
Ô Toi, digne d'être adorée par tous, je Te rends hommage.

804. Oṁ puṣkarāyai namaḥ
Ô Devi, Toi qui es Plénitude, je Te rends hommage.

805. Oṁ puṣkarekṣaṇāyai namaḥ
Ô Devi, aux yeux en forme de pétales de lotus, je Te rends hommage.

806. Oṁ parasmai jyotiṣe namaḥ
Ô Toi, Lumière suprême, je Te rends hommage.

807. Oṁ parasmai dhāmne namaḥ
Ô Toi, Demeure suprême, je Te rends hommage.

808. Oṁ paramāṇave namaḥ
Ô Toi, la plus subtile des particules, je Te rends hommage.

809. Oṁ parāt parāyai namaḥ
Ô Suprême, supérieure à tout, je Te rends hommage.

810. Oṁ pāśahastāyai namaḥ
Ô Toi qui tiens en main la corde qui lie tous les êtres au *samsara* (cycle des morts et des renaissances), je Te rends hommage.

811. Oṁ pāśa hantryai namaḥ
Ô Toi qui coupes les liens du *samsara,* je Te rends hommage.

812. Oṁ para mantra vibhedinyai namaḥ
Ô Toi qui anéantis les sorts jetés par les ennemis sous forme de mantras, je Te rends hommage.

813. Oṁ mūrtāyai namaḥ
Ô Toi qui es toutes les formes, je Te rends hommage.

814. Oṁ amūrtāyai namaḥ
Ô Toi qui es sans forme, je Te rends hommage.

815. Oṁ anitya tṛptāyai namaḥ
Ô Toi qui es satisfaite de nos offrandes périssables, je Te rends hommage.

816. Oṁ muni mānasa hamsikāyai namaḥ
Ô Toi, le Cygne dans le lac *manasa* du mental des sages, je Te rends hommage.

817. Oṁ satya vratāyai namaḥ
Ô Toi qui es établie dans la Vérité (Réalité), je Te rends hommage.

818. Oṁ satya rūpāyai namaḥ
Ô Toi, la Vérité même, je Te rends hommage.

819. Oṁ sarvāntar yāmiṇyai namaḥ
Ô Toi qui demeures en tous les êtres, je Te rends hommage.

820. Oṁ satyai namaḥ
Ô Toi, la Réalité, l'Être éternel, je Te rends hommage.

821. Oṁ Brahmāṇyai namaḥ
Ô Toi, la *shakti* (puissance) de Brahman, je Te rends hommage.

822. Oṁ brahmaṇe namaḥ
Ô Brahman, je Te rends hommage.

823. Oṁ jananyai namaḥ
Ô Mère de l'univers, je Te rends hommage.

824. Oṁ bahu rūpāyai namaḥ
Ô Toi qui as pris des formes multiples, je Te rends hommage.

825. Oṁ budhārcitāyai namaḥ
Ô Devi que vénèrent les sages, je Te rends hommage.

826. Oṁ prasavitryai namaḥ
Ô Toi qui engendres l'univers, je Te rends hommage.

827. Oṁ pracaṇḍāyai namaḥ
Ô Toi dont la colère inspire la terreur, je Te rends hommage.

828. Oṁ ājñāyai namaḥ
Ô Toi, la Loi divine, je Te rends hommage.

829. Oṁ pratiṣṭhāyai namaḥ
Ô Toi, le Fondement de tout, je Te rends hommage.

830. Oṁ prakaṭākṛtaye namaḥ
Ô Toi, manifestée sous la forme de l'univers, je Te rends hommage.

831. Oṁ prāṇeśvaryai namaḥ
Ô Toi qui gouvernes les cinq *pranas* et les sens, je Te rends hommage.

832. Oṁ prāṇa dātryai namaḥ
Ô Toi qui donnes le *prana* (le souffle vital), je Te rends hommage.

833. Oṁ pañcāśat pīṭha rūpiṇyai namaḥ

Ô Toi, les cinquante lettres (aussi lieux d'adoration), je Te rends hommage.

834. Oṁ viśṛṅkhalāyai namaḥ
Ô Déesse libre de toute entrave, je Te rends hommage.

835. Oṁ viviktasthāyai namaḥ
Ô Toi qui demeures dans le cœur du sage (ou dans la solitude), je Te rends hommage.

836. Oṁ vīra mātre namaḥ
Ô Toi, Mère des héros, je Te rends hommage.

837. Oṁ viyat prasuve namaḥ
Ô Source de *viyat*, la substance indifférenciée qui est le point de départ de l'évolution de l'univers, je Te rends hommage.

838. Oṁ mukundāyai namaḥ
Ô Toi qui accordes la libération, je Te rends hommage.

839. Oṁ mukti nilayāyai namaḥ
Ô Toi, la demeure de ceux qui atteignent la libération, je Te rends hommage.

840. Oṁ mūla vigraha rūpiṇyai namaḥ
Ô Toi, la Racine (l'origine) de toute chose, je Te rends hommage.

841. Oṁ bhāva jñāyai namaḥ
Ô Toi qui connais toutes les pensées et tous les sentiments, je Te rends hommage.

842. Oṁ bhava rogaghnyai namaḥ
Ô Toi qui guéris la maladie de la transmigration *(samsara)*, je Te rends hommage.

843. Oṁ bhava cakra pravartinyai namaḥ
Ô Toi qui mets en mouvement la roue de la transmigration, je Te rends hommage.

844. Oṁ chandaḥ sārāyai namaḥ
Ô Toi, l'Essence des Védas, je Te rends hommage.

845. Oṁ śāstra sārāyai namaḥ
Ô Toi, l'Essence des Écritures *(shastras)*, je Te rends hommage.

846. Oṁ mantra sārāyai namaḥ

Ô Toi, l'Essence de tous les mantras, je Te rends hommage.

847. Oṁ talodaryai namaḥ
Ô Déesse à la taille fine, je Te rends hommage.

848. Oṁ udāra kīrtaye namaḥ
Ô Toi dont la gloire est universelle, je Te rends hommage.

849. Oṁ uddāma vaibhavāyai namaḥ
Ô Toi dont la puissance et la gloire sont infinies, je Te rends hommage.

850. Oṁ varṇa rūpiṇyai namaḥ
Ô Toi qui prends la forme des lettres de l'alphabet, je Te rends hommage.

851. Oṁ janma mṛtyu jarā tapta jana viśrānti dāyinyai namaḥ
Ô Déesse qui accordes la paix et le repos à ceux qui endurent la naissance, la vieillesse et la mort, je Te rends hommage.

852. Oṁ sarvopaniṣad udghuṣṭāyai namaḥ
Ô Toi que proclament toutes les Upanishads, je Te rends hommage.

853. Oṁ śāntyatīta kalātmikāyai namaḥ
Ô Toi qui transcendes même l'état de paix, je Te rends hommage.

854. Oṁ gambhīrāyai namaḥ
Ô Toi, l'Insondable, je Te rends hommage.

855. Oṁ gaganāntaḥsthāyai namaḥ
Ô Toi qui es présente dans l'éther, l'espace, je Te rends hommage.

856. Oṁ garvitāyai namaḥ
Ô Devi, Toi qui es fière du processus de la création, je Te rends hommage.

857. Oṁ gāna lolupāyai namaḥ
Ô Devi, la musique fait Tes délices, je Te rends hommage.

858. Oṁ kalpanā rahitāyai namaḥ
Ô Toi qui es libre d'attributs imaginaires, je Te rends hommage.

859. Oṁ kāṣṭhāyai namaḥ
Ô Toi, l'État suprême au-delà duquel il n'y a rien, je Te rends hommage.

860. Oṁ akāntāyai namaḥ
Ô Toi qui mets fin à tous les péchés et à toutes les souffrances, je Te rends hommage.

861. Oṁ kāntārdha vigrahāyai namaḥ
Ô Toi, la moitié du corps de Shiva, Ton époux, je Te rends hommage.

862. Oṁ kārya kāraṇa nirmuktāyai namaḥ
Ô Toi qui transcendes la loi de la causalité, je Te rends hommage.

863. Oṁ kāma keli taraṅgitāyai namaḥ
Ô Déesse qui débordes de joie en compagnie de ton époux Kameshvara, je Te rends hommage.

864. Oṁ kanat kanaka tāṭaṅkāyai namaḥ
Ô Toi qui portes des pendants d'oreille en or, je Te rends hommage.

865. Oṁ līlā vigraha dhāriṇyai namaḥ
Ô Déesse qui, dans Ton jeu cosmique, assumes des formes variées, je Te rends hommage.

866. Oṁ ajāyai namaḥ
Ô Toi qui n'es jamais née, je Te rends hommage.

867. Oṁ kṣaya vinirmuktāyai namaḥ
Ô Toi qui ne connais pas non plus le déclin, je Te rends hommage.

868. Oṁ mugdhāyai namaḥ
Ô Déesse dont la beauté et l'innocence nous captivent, je Te rends hommage.

869. Oṁ kṣipra prasādinyai namaḥ
Ô Toi à qui l'on peut plaire rapidement, facilement, je Te rends hommage.

870. Oṁ antar mukha samārādhyāyai namaḥ
Ô Déesse que l'on vénère en tournant son regard vers l'intérieur (adoration mentale), je Te rends hommage.

871. Oṁ bahir mukha sudurlabhāyai namaḥ
Ô Toi qu'il est difficile d'adorer lorsque le regard se tourne vers l'extérieur, je Te rends hommage.

872. Oṁ trayyai namaḥ
Ô Toi qui es les trois Védas (Rig, Sama et Yajur), je Te rends hommage.

873. Oṁ trivarga nilayāyai namaḥ
Ô Toi, la Demeure des trois buts de la vie humaine *(dharma*, *artha* et *kama)*, je Te rends hommage.

874. Oṁ tristhāyai namaḥ
Ô Devi, présente dans les trois mondes, je Te rends hommage.

875. Oṁ tripura mālinyai namaḥ
Ô Toi, la divinité des trois cercles du Sri Chakra, je Te rends hommage.

876. Oṁ nirāmayāyai namaḥ
Ô Toi qui ignores la maladie, je Te rends hommage.

877. Oṁ nirālambāyai namaḥ
Ô Toi qui ne dépends de personne, je Te rends hommage.

878. Oṁ svātmārāmāyai namaḥ
Ô Déesse qui goûte la joie de Son propre Soi, je Te rends hommage.

879. Oṁ sudhāsṛtyai namaḥ
Ô Source du nectar, je Te rends hommage.

880. Oṁ samsāra paṅka nirmagna samuddharaṇa paṇḍitāyai namaḥ
Ô Toi qui excelles à sauver les humains enlisés dans le marécage du *samsara,* je Te rends hommage.

881. Oṁ yajña priyāyai namaḥ
Ô Déesse qui aime les rituels, je Te rends hommage.

882. Oṁ yajña kartryai namaḥ
Ô Toi qui exécutes tous les rituels, je Te rends hommage.

883. Oṁ yajamāna svarūpiṇyai namaḥ
Ô Toi qui prends la forme de Yajamana qui dirige les rituels, je Te rends hommage.

884. Oṁ dharmādhārāyai namaḥ
Ô Soutien du *dharma*, je Te rends hommage.

885. Oṁ dhanādhyakṣāyai namaḥ
Ô Toi qui contrôles toutes les richesses, je Te rends hommage.

886. Oṁ dhana dhānya vivardhinyai namaḥ
Ô Toi qui augmentes les richesses et les récoltes, je Te rends hommage.

887. Oṁ vipra priyāyai namaḥ
Ô Toi qui aimes les érudits, je Te rends hommage.

888. Oṁ vipra rūpāyai namaḥ
Ô Toi qui prends la forme de celui qui connaît le Soi, je Te rends hommage.

889. Oṁ viśva bhramaṇa kāriṇyai namaḥ
Ô Toi, la Cause du mouvement cyclique de l'univers, je Te rends hommage.

890. Oṁ viśva grāsāyai namaḥ
Ô Toi qui dévores l'univers à la fin d'un cycle, je Te rends hommage.

891. Oṁ vidrumābhāyai namaḥ
Ô Devi au teint de corail, je Te rends hommage.

892. Oṁ vaiṣṇavyai namaḥ
Ô Toi, Vaishnavi, puissance de Vishnu, je Te rends hommage.

893. Oṁ viṣṇu rūpiṇyai namaḥ
Ô Toi dont la forme s'étend dans tout l'univers, je Te rends hommage.

894. Oṁ ayonyai namaḥ
Ô Déesse, Toi qui es sans origine, sans cause, je Te rends hommage.

895. Oṁ yoni nilayāyai namaḥ
Ô Demeure de la puissance qui engendre tout, je Te rends hommage.

896. Oṁ kūṭasthāyai namaḥ
Ô Toi, l'Immuable (comme une enclume), je Te rends hommage.

897. Oṁ kula rūpiṇyai namaḥ
Ô Toi, la divinité qui gouverne la voie des Kaulas, je Te rends hommage.

898. Oṁ vīra goṣṭhī priyāyai namaḥ
Ô Toi qui aimes les assemblées de héros (chercheurs spirituels), je Te rends hommage.

899. Oṁ vīrāyai namaḥ
Ô Toi qui es héroïque, je Te rends hommage.

900. Oṁ naiṣkarmyāyai namaḥ
Ô Toi qui es au-delà de l'action *(karma)*, je Te rends hommage.

901. Oṁ nāda rūpiṇyai namaḥ
Ô Toi, le Son primordial, je Te rends hommage.

902. Oṁ vijñāna kalanāyai namaḥ
Ô Toi, la réalisation de l'Absolu, je Te rends hommage.

903. Oṁ kalyāyai namaḥ
Ô Devi, la Puissance créatrice, je Te rends hommage.

904. Oṁ vidagdhāyai namaḥ
Ô Toi, la Sagesse manifestée dans toutes les facultés, je Te rends hommage.

905. Oṁ baindavāsanāyai namaḥ
Ô Déesse assise dans le *bindu (ajna chakra)*, je Te rends hommage.

906. Oṁ tattvādhikāyai namaḥ
Ô Toi qui transcendes tous les principes cosmiques, je Te rends hommage.

907. Oṁ tattva mayyai namaḥ
Ô Toi qui contiens tous les principes cosmiques, je Te rends hommage.

908. Oṁ tat tvam artha svarūpiṇyai namaḥ
Ô Toi, l'Un que désignent les mots *tat* et *tvam* dans la parole védique *tat tvam asi,* je Te rends hommage.

909. Oṁ sāma gāna priyāyai namaḥ
Ô Déesse qui aime la récitation du Sama Véda, je Te rends hommage.

910. Oṁ somyāyai namaḥ
Ô Devi dont la nature est douce et bienveillante, fraîche comme la lune, je Te rends hommage.

911. Oṁ sadāśiva kuṭumbinyai namaḥ
Ô Toi, l'Épouse de Sadashiva, je Te rends hommage.

912. Oṁ savyāpasavya mārgasthāyai namaḥ

Ô Déesse vers qui mènent les voies *savya* et *apasavya* (main gauche et main droite), je Te rends hommage.

913. Oṁ sarvāpad vinivāriṇyai namaḥ
Ô Toi qui protèges de tous les dangers, je Te rends hommage.

914. Oṁ svasthāyai namaḥ
Ô Déesse qui demeure en Elle-même, libre de toute souffrance, je Te rends hommage.

915. Oṁ svabhāva madhurāyai namaḥ
Ô Déesse, la douceur est Ta nature même, je Te rends hommage.

916. Oṁ dhīrāyai namaḥ
Ô Toi qui possèdes la sagesse, je Te rends hommage.

917. Oṁ dhīra samarcitāyai namaḥ
Ô Toi que les sages vénèrent de tout leur être, je Te rends hommage.

918. Oṁ caitanyārghya samārādhyāyai namaḥ
Ô Toi que l'on adore en offrant sa conscience, je Te rends hommage.

919. Oṁ caitanya kusuma priyāyai namaḥ
Ô Toi qui aimes recevoir en offrande la fleur de la conscience, je Te rends hommage.

920. Oṁ sadoditāyai namaḥ
Ô Toi qui brilles éternellement, je Te rends hommage.

921. Oṁ sadā tuṣṭāyai namaḥ
Ô Toi qui es éternellement satisfaite, je Te rends hommage.

922. Oṁ taruṇāditya pāṭalāyai namaḥ
Ô Toi, rose comme l'aurore, je Te rends hommage.

923. Oṁ dakṣiṇādakṣiṇārādhyāyai namaḥ
Ô Toi que vénèrent les adorateurs, qu'ils suivent la voie de la main droite ou de la main gauche, je Te rends hommage.

924. Oṁ dara smera mukhāmbujāyai namaḥ
Ô Déesse dont le visage de lotus rayonne d'un doux sourire, je Te rends hommage.

925. Oṁ kaulinī kevalāyai namaḥ
Ô Toi qui, dans la voie Kaula, est vénérée comme pure Conscience, je Te rends hommage.

926. Oṁ anarghya kaivalya pada dāyinyai namaḥ
Ô Toi qui confères l'état inestimable de la Béatitude et de la Libération éternelles, je Te rends hommage.

927. Oṁ stotra priyāyai namaḥ
Ô Toi qui aimes les hymnes de louange, je Te rends hommage.

928. Oṁ stuti matyai namaḥ
Ô Déesse, objet de toutes louanges, je Te rends hommage.

929. Oṁ śruti samstuta vaibhavāyai namaḥ
Ô Toi dont les Védas proclament la gloire, je Te rends hommage.

930. Oṁ manasvinyai namaḥ
Ô Toi, l'Intelligence dont le mental dépend, je Te rends hommage.

931. Oṁ mānavatyai namaḥ
Ô Toi dont l'esprit est élevé, dont la gloire est grande, je Te rends hommage.

932. Oṁ maheśyai namaḥ
Ô Épouse de Shiva, je Te rends hommage.

933. Oṁ maṅgalākṛtaye namaḥ
Ô Toi dont la forme est propice, je Te rends hommage.

934. Oṁ viśva mātre namaḥ
Ô Mère de l'univers, je Te rends hommage.

935. Oṁ jagad dhātryai namaḥ
Ô Déesse qui protège et soutient l'univers, je Te rends hommage.

936. Oṁ viśālākṣyai namaḥ
Ô Toi, Déesse aux grands yeux, je Te rends hommage.

937. Oṁ virāgiṇyai namaḥ
Ô Déesse libre de tout attachement, je Te rends hommage.

938. Oṁ pragalbhāyai namaḥ

Ô Déesse brave et intrépide, je Te rends hommage.

939. Oṁ paramodārāyai namaḥ
Ô Déesse suprêmement généreuse, je Te rends hommage.

940. Oṁ parā modāyai namaḥ
Ô Déesse suprêmement joyeuse, je Te rends hommage.

941. Oṁ manomayyai namaḥ
Ô Toi qui prends la forme du mental, je Te rends hommage.

942. Oṁ vyoma keśyai namaḥ
Ô Toi dont le ciel forme la chevelure, je Te rends hommage.

943. Oṁ vimānasthāyai namaḥ
Ô Déesse, assise dans Ton char céleste, je Te rends hommage.

944. Oṁ vajriṇyai namaḥ
Ô Épouse d'Indra, je Te rends hommage.

945. Oṁ vāmakeśvaryai namaḥ
Ô Déesse qui gouverne le Vamakeshvara Tantra, je Te rends hommage.

946. Oṁ pañca yajña priyāyai namaḥ
Ô Déesse qui aime les cinq formes de sacrifice, je Te rends hommage.

947. Oṁ pañca preta mañcādhi śāyinyai namaḥ
Ô Déesse, assise sur un siège constitué des cinq cadavres, je Te rends hommage. (Brahma, Vishnu, Rudra, Ishvara et Sadashiva qui, sans Devi, la *shakti*, sont inactifs).

948. Oṁ pañcamyai namaḥ
Ô Épouse de Sadashiva, le cinquième, je Te rends hommage.

949. Oṁ pañca bhūteśyai namaḥ
Ô Toi qui gouvernes les cinq éléments primordiaux, je Te rends hommage.

950. Oṁ pañca saṅkhyopacāriṇyai namaḥ
Ô Toi que l'on vénère au moyen des cinq offrandes (la pâte de santal parfumée, les fleurs, l'encens, la lampe et la nourriture), je Te rends hommage.

951. Oṁ śāśvatyai namaḥ
Ô Toi, l'Éternelle, je Te rends hommage.

952. Oṁ śāśvataiśvaryāyai namaḥ
Ô Toi dont la souveraineté est éternelle, je Te rends hommage.

953. Oṁ śarmadāyai namaḥ
Ô Toi qui donnes le bonheur, je Te rends hommage.

954. Oṁ śambhu mohinyai namaḥ
Ô Toi qui enchantes Shambu (Shiva), je Te rends hommage.

955. Oṁ dharāyai namaḥ
Ô Toi, le Support de tous les êtres (la Terre), je Te rends hommage.

956. Oṁ dhara sutāyai namaḥ
Ô Toi, fille de Dhara (l'Himalaya), je Te rends hommage.

957. Oṁ dhanyāyai namaḥ
Ô Déesse suprêmement bénie, je Te rends hommage.

958. Oṁ dharmiṇyai namaḥ
Ô Toi qui es juste, je Te rends hommage.

959. Oṁ dharma vardhinyai namaḥ
Ô Toi qui soutiens le *dharma*, je Te rends hommage.

960. Oṁ lokātītāyai namaḥ
Ô Toi qui transcendes tous les mondes, je Te rends hommage.

961. Oṁ guṇātītāyai namaḥ
Ô Toi qui transcendes les trois gunas, *tamas*, *rajas* et *sattva,* je Te rends hommage.

962. Oṁ sarvātītāyai namaḥ
Ô Toi qui transcendes tout, je Te rends hommage.

963. Oṁ śamātmikāyai namaḥ
Ô Toi dont la nature est paix et béatitude, je Te rends hommage.

964. Oṁ bandhūka kusuma prakhyāyai namaḥ
Ô Toi qui as la grâce et la beauté de la fleur de *bandhuka*, je Te rends hommage.

965. Oṁ bālāyai namaḥ
Ô Devi, Toi qui gardes toujours la nature d'un enfant, je Te rends hommage.

966. **Oṁ līlā vinodinyai namaḥ**
Ô Déesse qui se délecte de Son jeu divin (la création), je Te rends hommage.

967. **Oṁ sumaṅgalyai namaḥ**
Ô Déesse éternellement propice, je Te rends hommage.

968. **Oṁ sukha karyai namaḥ**
Ô Toi qui accordes le bonheur, je Te rends hommage.

969. **Oṁ suveṣāḍhyāyai namaḥ**
Ô Devi aux vêtements et aux parures magnifiques, je Te rends hommage.

970. **Oṁ suvāsinyai namaḥ**
Ô Déesse qui ignore le veuvage, n'étant jamais séparée de Son époux, je Te rends hommage.

971. **Oṁ suvāsinyarcana prītāyai namaḥ**
Ô Toi qui Te réjouis quand une femme mariée pratique un rituel d'adoration, je Te rends hommage.

972. Oṁ āśobhanāyai namaḥ

Ô Toi, toujours rayonnante de splendeur, je Te rends hommage.

973. Oṁ śuddha mānasāyai namaḥ

Ô Toi dont le mental est pur, qui purifies le coeur de Tes adorateurs, je Te rends hommage.

974. Oṁ bindu tarpaṇa santuṣṭāyai namaḥ

Ô Toi qui apprécies les libations offertes au *bindu* (le point au centre du Sri Chakra qui symbolise la Réalité suprême), je Te rends hommage.

975. Oṁ pūrva jāyai namaḥ

Ô Toi, la première née, je Te rends hommage.

976. Oṁ tripurāmbikāyai namaḥ

Ô Mère des trois cités, je Te rends hommage.

977. Oṁ daśa mudrā samārādhyāyai namaḥ

Ô Déesse que l'on adore en exécutant les dix *mudras* (gestes sacrés), je Te rends hommage.

978. Oṁ tripurāśrī vaśaṅkaryai namaḥ
Ô Toi qui maîtrises Tripurashri, je Te rends hommage.

979. Oṁ jñāna mudrāyai namaḥ
Ô Toi, le *mudra* de la Connaissance *(jnana mudra)*, je Te rends hommage.

980. Oṁ jñāna gamyāyai namaḥ
Ô Toi que l'on atteint grâce à la Connaissance, je Te rends hommage.

981. Oṁ jñāna jñeya svarūpiṇyai namaḥ
Ô Toi qui es à la fois la Connaissance et l'objet de la Connaissance, je Te rends hommage.

982. Oṁ yoni mudrāyai namaḥ
Ô Toi qui prends la forme du *yoni mudra* (symbole de la Déesse Shakti, le neuvième *mudra*), je Te rends hommage.

983. Oṁ trikhaṇḍeśyai namaḥ
Ô Déesse qui gouverne *trikhanda* (le dixième *mudra*), je Te rends hommage.

984. Oṁ triguṇāyai namaḥ
Ô Déesse pourvue des trois *gunas,* je Te rends hommage.

985. Oṁ ambāyai namaḥ
Ô Mère de tous les êtres, je Te rends hommage.

986. Oṁ trikoṇagāyai namaḥ
Ô Déesse qui réside dans le triangle du Sri Chakra, je Te rends hommage.

987. Oṁ anaghāyai namaḥ
Ô Toi qui es pure de tout péché, je Te rends hommage.

988. Oṁ adbhuta cāritrāyai namaḥ
Ô Toi dont les actions sont merveilleuses, je Te rends hommage.

989. Oṁ vāñchitārtha pradāyinyai namaḥ
Ô Déesse qui comble tous les désirs, je Te rends hommage.

990. Oṁ abhyāsātiśaya jñātāyai namaḥ
Ô Déesse qui ne peut être connue que grâce à une pratique extrêmement intense des disciplines spirituelles, je Te rends hommage.

991. Oṁ ṣaḍadhvātīta rūpiṇyai namaḥ
Ô Toi qui transcendes les six voies de la dévotion, je Te rends hommage.

992. Oṁ avyāja karuṇā mūrtaye namaḥ
Ô Incarnation de la pure compassion, je Te rends hommage.

993. Oṁ ajñāna dhvānta dīpikāyai namaḥ
Ô Toi, la Flamme brillante qui disperse les nuages de l'ignorance, je Te rends hommage.

994. Oṁ ābāla gopa viditāyai namaḥ
Ô Toi que même un enfant ou un pâtre peut comprendre, je Te rends hommage.

995. Oṁ sarvānullaṅghya śāsanāyai namaḥ
Ô Déesse dont nul n'ose transgresser les lois, je Te rends hommage.

996. Oṁ śrīcakra rāja nilayāyai namaḥ
Ô Toi qui demeures dans le Sri Chakra, le roi des *chakras,* je Te rends hommage.

997. Oṁ śrīmat tripura sundaryai namaḥ
Ô divine *tripura sundari,* je Te rends hommage.

998. Oṁ śrī śivāyai namaḥ
Ô Shivaa, Déesse bénie (identique à Shiva), je Te rends hommage.

999. Oṁ śiva śaktyaikya rūpiṇyai namaḥ
Ô Toi, la forme qui unit Shiva et Shakti (qui sont Un), je Te rends hommage.

1000. Oṁ lalitāmbikāyai namaḥ
Ô Mère Lalita, je Te rends hommage.

mantrahīnaṁ kriyāhīnaṁ bhaktihīnaṁ maheśvarīyadpūjitaṁ
mayā devī paripūrṇaṁ tadastute

Ô Mère, au cours de cette adoration, j'ai peut-être commis beaucoup d'erreurs et d'omissions. J'ai peut-être oublié de réciter de nombreux mantras ou d'accomplir de nombreux rituels. J'ai peut-être effectué cette adoration sans la dévotion ou l'attention requises. Je T'en prie, pardonne mes omissions et daigne rendre mon adoration complète, par Ta grâce.

Śrī Mahishasura Mardini Stotra

Hymne à la Déesse qui a tué le démon-buffle

Ayi giri nandini nandita medini viśva vinodini nandanute
girivara vindhya śiro'dhi nivāsini viṣṇu vilāsini jiṣṇunute /
bhagavati he śitikaṇṭha kuṭumbini bhūri kuṭumbini bhūrikṛte
jaya jaya he mahiṣāsura mardini ramya kapardini śailasute |1|

Salutations, Ô Mère ! Tu es le délice suprême de Ton père (l'Himalaya) puisque c'est Toi qui as créé l'univers entier comme par jeu. Tu es le bonheur de tous les êtres de la création. Même Nandi (la monture de Shiva) chante Ta gloire, Toi qui demeures sur les sommets élevés de la grande chaîne de montagne Vindhya. C'est de Toi que Vishnu tient son pouvoir créateur et c'est encore Toi que prie le grand dieu Indra lui-même. Pour Toi, le monde entier est une seule famille.

Suravara varṣiṇi durdhara dharṣiṇi durmukha marṣiṇi harṣarate
tribhuvana poṣiṇi śaṅkara toṣiṇi kalmaṣa moṣiṇi ghoṣarate /
danujani roṣiṇi ditisuta roṣiṇi durmada śoṣiṇi sindhusute
jaya jaya he mahiṣāsura mardini ramya kapardini śailasute |2|

Puisses-Tu remporter la victoire, Ô Mère ! Tu répands des faveurs sur tous les dieux. C'est Toi qui as vaincu le géant Durdhara et le méchant Durmukha. Établie dans la béatitude éternelle, Tu enchantes tous les êtres et Tu préserves les trois mondes. Tu es la béatitude du grand dieu Shiva. Les cris de guerre des démons *(asuras)* ayant provoqué Ta rage, Tu les as anéantis. Tu ne tolères pas les méchants. Tu fus le véhicule de la mort pour l'orgueilleux Durmada, Ô Fille de l'océan.

3. Ayi jagadamba madamba kadamba vana priya vāsini hāsarate
śikhari śiromaṇi tuṅga himālaya śṛṅgani jālaya madhyagate /
madhu madhure madhu kaiṭabha gañjini kaiṭabha bhañjini rāsarate
jaya jaya he mahiṣāsura mardini ramya kapardini śailasute |3|

Puisses-Tu remporter la victoire, Ô Mère ! Tu es ma Mère, Tu es aussi la Mère universelle de l'ensemble de la création. La forêt Kadamba est Ton lieu de résidence sacré. Tu demeures aussi sur les pics majestueux des montagnes de l'Himalaya. Un sourire gracieux, plus doux que le miel, orne Ton beau visage. Tu as détruit les démons Madhu et Kaitabha. Tu purifies Tes dévots de leurs impuretés et la danse divine *rasa* Te réjouit.

Ayi śata khaṇḍa vikhaṇḍita ruṇḍa vituṇḍita śuṇḍa gajādhipate
ripu gaja gaṇḍa vidāraṇa caṇḍa parā krama śauṇḍa mṛgādhipate /
nija bhuja daṇḍa nipātita caṇḍa vipātita muṇḍa bhaṭādhipate
jaya jaya he mahiṣāsura mardini ramya kapardini śailasute |4|

Gloire à Toi, Ô Mère ! À l'aide de l'arme Shatakhanda, Tu as décapité Tes ennemis les démons et les as réduits en centaines de morceaux. Ta monture, le lion, a détruit les immenses éléphants de Tes ennemis pendant que, de Tes mains puissantes, Tu anéantissais les armées des démons à coups de poing mortels.

Ayi raṇa durmada śatru vadhodita durdhara nirjara śakti bhṛte
catura vicāra dhurīṇa mahāśiva dūta kṛta pramathā dhipate/
durita durīha durāśaya durmati dānava dūta kṛtānta mate
jaya jaya he mahiṣāsura mardini ramya kapardini śailasute |5|

En anéantissant les hordes de démons, Tu as réduit le lourd fardeau que portait notre Mère la Terre. Tu as choisi Shiva, le yogi introverti, comme messager de paix mais en dernier ressort, Tu as détruit les mauvaises intentions des démons.

Ayi śaraṇāgata vairi vadhūvara vīravar ābhaya dāyakare
tribhuvana mastaka śūla virodhi śiro'dhi kṛtāmala śūla kare/
dumi dumi tāmara dundubhi nādam aho mukharī kṛta diṅgikare
jaya jaya he mahiṣāsura mardini ramya kapardini śailasute |6|

Ô Mère ! Tu as accordé des faveurs aux épouses des démons qui ont pris refuge en Toi. Mais Tu T'es montrée implacable envers les autres démons qui constituaient une menace pour la création et Tu les as décapités à l'aide de Ton trident. Cet acte fut loué par les dieux qui jouèrent sur leur tambours, remplissant la création entière du son rythmique de leurs instruments.

Ayi nija huṃkṛti mātra nirākṛta dhūmra vilocana dhūmraśate
samara viśoṣita śoṇita bīja samud bhava śoṇita bīja late /
śiva śiva śumbha niśumbha mahāhava tarpita bhūta piśācapate
jaya jaya he mahiṣāsura mardini ramya kapardini śailasute |7|

Ô Mère ! Comme par miracle, il T'a suffit de prononcer à voix haute la syllabe « *Hum* » pour réduire en cendres Dhumravilochana et ses méchants alliés. Tu as éliminé Raktabija et ses complices et Tu as lutté avec vaillance contre Shumbha and Nishumbha que Tu as réussi à tuer. Cette action plut à Shiva, le dieu des fantômes et des esprits.

Dhanu ranu ṣaṅga raṇakṣaṇa saṅga parisphura daṅga naṭatkaṭake
kanaka piśaṅga pṛṣatka niṣaṅga rasad bhaṭa śṛṅga hatā baṭuke/

kṛta caturaṅga balakṣiti raṅga ghaṭad bahuraṅga raṭad baṭuke
jaya jaya he mahiṣāsura mardini ramya kapardini śailasute |8|

Ô Mère ! Quand Tu brandissais des armes au cours de la bataille, le combat était rythmé par le tintement de Tes bracelets. Les clochettes attachées à Ta ceinture brillaient et aveuglaient Tes ennemis. D'immenses oiseaux de proie planaient au-dessus des cadavres de Tes ennemis, éparpillés sur le champ de bataille.

Sura lalanā tatatho tatatho tatatho bhinayottara nṛtya rate
kṛta kukutho kukutho gaḍadādika tāla kutūhala gāna rate /
dhudhukuṭa dhukuṭa dhimdhimita dhvani dhīra mṛdaṅga nināda rate
jaya jaya he mahiṣāsura mardini ramya kapardini śailasute |9|

Ô Mère, Toi la Source du son, Tu Te réjouis en regardant les danseurs célestes évoluer au rythme des sons « *tatato-tatato-tatato* » et « *kukutha-kukutha-kukutha* » et « *ga-ga-dha* ». Leurs tambours battent au son de « *kuthu-dhukuta-dhimi* ».

Jaya jaya japya jaye jaya śabda para stuti tatpara viśva nute
jhaṇa jhaṇa jhiṃ jhimi jhiṃkṛta nūpura śiñjita mohita bhūtapate /
naṭita naṭārdha naṭī naṭa nāyaka nāṭita nāṭya sugānarate
jaya jaya he mahiṣāsura mardini ramya kapardini śailasute |10|

Ô Mère ! Tous les dévots chantent « Victoire ! Victoire ! ». Tu danses en union avec Shiva pendant Sa danse *tandava* et Il se réjouit d'entendre le tintement de Tes bracelets de chevilles.

Ayi sumanaḥ sumanaḥ sumanaḥ sumanaḥ sumanohara kāntiyute
śritarajanī rajanī rajanī rajanī rajanī kara vaktrayute /
sunayana vibhramara bhramara bhramara bhramara
bhramarādhipate
jaya jaya he mahiṣāsura mardini ramya kapardini śailasute |11|

Ô Mère ! Les Dévas T'offrent mentalement des fleurs en adoration et Ta captivante beauté prend la forme des fleurs qu'ils visualisent. Ton visage est pareil au lotus qui flotte sur un lac illuminé par le clair de lune. Les boucles de Tes cheveux volettent comme des abeilles, ajoutant encore à la beauté de Tes yeux.

Mahita mahāhava malla matallika vallita rallaka bhallirate
viracita vallika pallika mallika jhillika bhillika vargavṛte /
sitakṛta phulla samulla sitāruṇa tallaja pallava sallalite
jaya jaya he mahiṣāsura mardini ramya kapardini śailasute |12|

Ô Mère ! Quand les guerriers se saisissent de leurs armes sur un champ de bataille, Tu veilles sur eux. Tu es le refuge des habitants des montagnes et des tribus qui vivent sous des tonnelles. Quand les douze Aditis Te servent, Tu brilles avec encore plus d'éclat.

Avirala gaṇḍa galanmada medura matta mataṅgaja rājapate
tribhuvana bhūṣaṇa bhūta kalānidhi rūpa payonidhi rājasute/

ayi sudatī jana lālasa mānasa mohana manmatha rājasute
jaya jaya he mahiṣāsura mardini ramya kapardini śailasute |13|

Ô Mère ! Ta démarche majestueuse est semblable à celle du roi des éléphants ; les richesses s'écoulent en abondance de Ton temple. Sous la forme de Maha Lakshmi, Tu as surgi de l'océan en même temps que la Lune qui orne les trois mondes. Manmatha, qui rend les jeunes filles amoureuses, éprouve envers Toi une terreur sacrée car il est incapable de Te rendre esclave du désir.

Kamala dalāmala komala kānti kalā kalitāmala bhālalate
sakala vilāsa kalā nilaya krama keli calat kala haṃsakule /
alikula saṅkula kuvalaya maṇḍala maulimilad bakulā likule
jaya jaya he mahiṣāsura mardini ramya kapardini śailasute |14|

Ô Mère ! Ton front magnifique, large et sans pareil, brille avec plus d'éclat que les pétales du lotus. Tes mouvements gracieux évoquent les cygnes. Les fleurs *bakula* qui ornent la cascade de Tes cheveux attirent des essaims d'abeilles.

Kara muralī rava vījita kūjita lajjita kokila mañjumate
milita pulinda manohara guñjita rañjita śaila nikuñja gate /
nijaguṇa bhūta mahāśabarī gaṇa sad guṇa sambhṛta kelirate
jaya jaya he mahiṣāsura mardini ramya kapardini śailasute |15|

Ô Mère ! En entendant les notes mélodieuses qui émanent de Ta flûte, le coucou cesse de chanter. Dans le jardin Kalisha, Tu veilles sur les femmes chasseresses qui Te vénèrent et les abeilles bourdonnent doucement.

Kaṭitaṭa pīta dukūla vicitra mayūkha tiraskṛta candraruce
praṇata surāsura mauli maṇisphura daṃśu lasannakha candraruce /
jita kanakācala mauli madorjita nirbhara kuñjara kumbhakuce
jaya jaya he mahiṣāsura mardini ramya kapardini śailasute| 16|

Ô Mère ! Le vêtement que Tu portes autour de Ta taille mince surpasse la splendeur de la Lune. Les ongles de Tes orteils brillent de mille feux et leur éclat est rehaussé par les couronnes des dieux et des démons qui tous se prosternent devant Toi avec respect. Tes seins sont pareils aux sommets des Himalayas couverts de cascades.

Vijita sahasra karaika sahasra karaika sahasra karaika nute
kṛta suratāraka saṅgara tāraka saṅgara tāraka sūnu sute /
suratha samādhi samāna samādhi samādhi samādhi sujāta rate
jaya jaya he mahiṣāsura mardini ramya kapardini śailasute| 17|

Ô Mère ! L'éclat du soleil pâlit devant Toi et il se soumet à Toi en déposant à Tes pieds des milliers de ses rayons divins. La guerre terminée, le fils de Tarakasura Te couvre de louanges à profusion. Tu es ravie de Te manifester dans les mantras psalmodiés avec dévotion par des dévots comme Suratha et Samadhi (Saptashati, le Devi Mahatmyam).

Pada kamalaṃ karuṇā nilaye vari vasyati yo'nudinaṃ suśive
ayi kamale kamalā nilaye kamalā nilayaḥ sa kathaṃ na bhavet /
tava padameva paraṃ padamitya nuśīlayato mama kiṃ na śive
jaya jaya he mahiṣāsura mardini ramya kapardini śailasute |18|

Ô Mère ! Parvati ! En T'adorant, on obtient en outre la prospérité puisque Tu es aussi Maha Lakshmi Elle-même. Adorer Tes pieds sacrés et méditer sur eux mène à l'état ultime de la libération.

Kanakalasat kala sindhujalai ranuṣiñcati te guṇa raṅga bhuvaṃ
bhajati sa kiṃ na śacīkuca kumbha taṭī parirambha sukhānu bhavam /
tava caraṇaṃ śaraṇaṃ karavāṇi mṛḍāni sadāmayi dehi śivaṃ
jaya jaya he mahiṣāsura mardini ramya kapardini śailasute |19|

Ô Mère ! Un simple balayeur dans Ta cour obtient tous les plaisirs célestes. Daigne accepter mon humble service et m'accorder ce que Tu considères comme bon pour moi.

Tava vimalendu kulaṃ vadanendu malaṃ sakalaṃ nanu kūlayate
kimu puruhūta purīndu mukhī sumukhī bhirasau vimukhī kriyate /
mama tu mataṃ śiva nāmadhane bhavatī kṛpayā kimuta kriyate
jaya jaya he mahiṣāsura mardini ramya kapardini śailasute |20|

Ô Mère ! Aucune des beautés célestes ne peut tenter celui qui médite sur Ton beau visage. Ô Mère du cœur de Shiva, accorde-moi la plénitude.

Ayi mayi dīnadayālutayā kṛpayaiva tvayā bhavitavyam ume
ayi jagato jananī kṛpayāsi yathāsi tathā numitāsi rate /
yaducita matra bhavatyurarī kurutāduru tāpamapā kuru me
jaya jaya he mahiṣāsura mardini ramya kapardini śailasute|21|

Ô Mère ! Uma ! N'es-Tu pas réputée pour Ta compassion ? Sois miséricordieuse envers moi, ma Mère ! Je T'en prie, délivre-moi de toutes mes souffrances !

Śrī Lalitā Sahasranāma Stotra

Les Mille Noms de Śrī Lalitā en vers

Dhyānam

sindūrāruṇa vigrahāṁ tri nayanām māṇikya mauli sphurat
tārānāyaka śekharām smitamukhīm
āpīna vakṣoruhām
pāṇibhyām alipūrṇa ratna caṣakam
raktotpalam bibhratīm
saumyāṁ ratna ghaṭastha rakta caraṇāṁ dhyāyetparāmambikām
dhyāyet padmāsanasthām vikasita vadanām
padma patrāyatākṣīm

hemābhām pītavastrām kara kalita lasad
hema padmām varāṅgim
sarvālaṅkāra yuktām satatam abhayadām
bhaktanamrām bhavānīm
śrīvidyām śāntamūrtīm sakala sura nutāṁ
sarva sampat pradātrīm
sakuṅkuma vilepanām alika cumbi kastūrikām
samanda hasitekṣaṇām saśara cāpa pāśāṅkuśām
aśeṣa jana mohinīm aruṇa mālya bhūṣojvalām
japā kusuma bhāsurām japavidhau smaredambikām
aruṇāṁ karuṇā taraṅgitākṣīṁ
dhṛta pāśāṅkuśa puṣpa bāṇa cāpām
aṇimādibhir āvṛtām mayūkhai
raham ityeva vibhāvaye maheśīm

Śrīmātā śrī mahārājñī śrīmat simhāsan'eśvarī
cidagni kuṇḍa sambhūtā deva kārya samudyatā 1

Udyad bhānu sahasrābhā catur bāhu samanvitā
rāga svarūpa pāśā ḍhyā krodh'ākār'āṅkuś'ojjvalā 2

Mano rūpekṣu kodaṇḍā pañca tanmātra sāyakā
nijāruṇa prabhāpūra majjad brahmāṇḍa maṇḍalā 3

Campak'āśoka punnāga saugandhika lasat kacā
kuruvinda maṇi śreṇī kanat koṭīra maṇḍitā 4

Aṣṭamī candra vibhrāja dalika sthala śobhitā
mukha candra kalaṅkābha mṛga nābhi viśeṣakā 5

Vadana smara māṅgalya gṛha toraṇa cillikā
vaktra lakṣmī parīvāha calan mīnābha locanā 6

Nava campaka puṣpābha nāsā daṇḍa virājitā
tārā kānti tiraskāri nāsābharaṇa bhāsurā **7**

Kadamba mañjarī kḷpta karṇa pūra manoharā
tāṭaṅka yugalībhūta tapanoḍupa maṇḍalā **8**

Padma rāga śilādarśa paribhāvi kapolabhūḥ
nava vidruma bimba śrī nyakkāri radana cchadā **9**

Śuddha vidy'āṅkur'ākāra dvija paṅkti dvay'ojjvalā
karpūra vīṭikāmoda samākarṣi digantarā **10**

Nija sallāpa mādhurya vinirbhartsita kacchapī
manda smita prabhā pūra majjat kāmeśa mānasā **11**

Anākalita sādṛśya cibuka śrī virājitā
kāmeśa baddha māṅgalya sūtra śobhita kandharā **12**

Kanak'āṅgada keyūra kamanīya bhujānvitā
ratna graiveya cintāka lola muktā phalānvitā **13**

Kāmeśvara prema ratna maṇi pratipaṇa stanī
nābhyāla vāla romāli latāphala kuca dvayī **14**

Lakṣya roma latā dhāratā samunneya madhyamā
stana bhāra dalan madhya paṭṭa bandha vali trayā **15**

Aruṇāruṇa kausumbha vastra bhāsvat kaṭī taṭī
ratna kiṅkiṇikā ramya raśanā dāma bhūṣitā **16**

Kāmeśa jñāta saubhāgya mārda'voru dvayānvitā
māṇikya mukut'ākāra jānudvaya virājitā **17**

Indra gopa parikṣipta smara tūṇābha jaṅghikā
gūḍha gulphā kūrma pṛṣṭha jayiṣṇu prapadānvitā **18**

Nakha dīdhiti samchanna namajjana tamoguṇā
pada dvaya prabhājāla parākṛta saroruhā **19**

Śiñjāna maṇi mañjīra maṇḍita śrī padāmbujā
marālī manda gamanā mahālāvaṇya śevadhiḥ **20**

Sarv'āruṇ'ā navadyāṅgī sarv'ābharaṇa bhūṣitā
śiva kāmeśvar'āṅkasthā śivā svādhīna vallabhā **21**

Sumeru madhya śṛṅgasthā śrīman nagara nāyikā
cintāmaṇi gṛh'āntasthā pañca brahm'āsana sthitā **22**

Mahā padmāṭavī samsthā kadamba vana vāsinī
sudhā sāgara madhyasthā kāmākṣī kāmadāyinī **23**

Devarṣi gaṇa saṅghāta stūyamānātma vaibhavā
bhaṇḍāsura vadh'odyukta śakti senā samanvitā **24**

Sampatkarī samārūḍha sindhura vraja sevitā
aśvārūḍh'ādhiṣṭhitāśva koṭi koṭibhir āvṛtā **25**

Cakrarāja rathārūḍha sarvāyudha pariṣkṛtā
geya cakra rath'ārūḍha mantriṇī parisevitā **26**

Kiricakra rathārūḍha daṇḍanāthā puraskṛtā
jvālā mālinik'ākṣipta vahni prākāra madhyagā **27**

Bhaṇḍa sainya vadh'odyukta śakti vikrama harṣitā
nityā parākram'āṭopa nirīkṣaṇa samutsukā **28**

Bhaṇḍaputra vadh'odyukta bālā vikrama nanditā
mantriṇyambā viracita viṣaṅga vadha toṣitā **29**

Viśukra prāṇa harana vārāhī vīrya nanditā
kāmeśvara mukhāloka kalpita śrīgaṇeśvarā **30**

Mahā gaṇeśa nirbhinna vighna yantra praharṣitā
bhaṇḍ āsurendra nirmukta śastra pratyastra varṣiṇī 31

Karāṅguli nakh otpanna nārāyaṇa daśākṛtiḥ
mahā pāśupat'āstrāgni nirdagdh āsura sainikā 32

Kāmeśvar'āstra nirdagdha sabhaṇḍ'āsura śūnyakā
brahm'opendra mahendr'ādi deva samstuta vaibhavā 33

Haranetrāgni samdagdha kāma sañjīvan'auṣadhiḥ
śrīmad vāgbhava kūṭaika svarūpa mukha paṅkajā 34

Kaṇṭhādhaḥ kaṭi paryanta madhya kūṭa svarūpiṇī
śakti kūṭ'aikat'āpanna kaṭy'adhobhāga dhāriṇī 35

Mūla mantr'ātmikā mūla kūṭa traya kalebarā
kul'āmṛtaika rasikā kula samketa pālinī 36

Kulāṅganā kul'āntasthā kaulinī kulayoginī
akulā samay'āntasthā samay'ācāra tatparā **37**

Mūlādhāraika nilayā brahma granthi vibhedinī
maṇi pūr'āntaruditā viṣṇu granthi vibhedinī **38**

Ājñā cakr'āntarālasthā rudra granthi vibhedinī
sahasrār'āmbuj'ārūḍhā sudhā sārābhi varṣiṇī **39**

Taḍil latā samarucih ṣaṭ cakr'opari samsthitā
mahā saktiḥ kuṇḍalinī bisatantu tanīyasī **40**

Bhavānī bhāvanāgamyā bhavāraṇya kuṭhārikā
bhadra priyā bhadra mūrtir bhakta saubhāgya dāyinī **41**

Bhakti priyā bhakti gamyā bhakti vaśyā bhay āpahā
śāmbhavī śārad'ārādhyā śarvāṇī śarma dāyinī **42**

Śāṁkarī śrīkarī sādhvī śarac candra nibhānanā **43**
śātodarī śāntimatī nirādhārā nirañjanā

Nirlepā nirmalā nityā nirākārā nirākulā **44**
nirguṇā niṣkalā śāntā niṣkāmā nirupaplavā

Nitya muktā nirvikārā niṣprapañcā nirāśrayā **45**
nitya śuddhā nitya buddhā niravadyā nirantarā

Niṣkāraṇā niṣkalaṅkā nirupādhir nirīśvarā **46**
nīrāgā rāga mathanī nirmadā mada nāśinī

Niścintā nirahamkārā nirmohā moha nāśinī **47**
nirmamā mamatā hantrī niṣpāpā pāpa nāśinī

Niṣkrodhā krodha śamanī nirlobhā lobha nāśinī **48**
niḥ samśayā samśaya ghnī nirbhavā bhava nāśinī

Nirvikalpā nirābādhā nirbhedā bheda nāśinī
nirnāśā mṛtyu mathanī niṣkriyā niṣparigrahā 49

Nistulā nīla cikurā nirapāyā niratyayā
durlabhā durgamā durgā duḥkha hantrī sukha pradā 50

Duṣṭadūrā durācāra śamanī doṣa varjitā
sarvajñā sāndrakaruṇā samānādhika varjitā 51

Sarva śaktimayī sarva maṅgalā sad gati pradā
sarv'eśvarī sarvamayī sarva mantra svarūpiṇī 52

Sarva yantr'ātmikā sarva tantra rūpā manonmanī
māheśvarī mahādevī mahālakṣmī mṛḍapriyā 53

Mahārūpā mahāpūjyā mahā pātaka nāśinī
mahāmāyā mahāsattvā mahā śaktir mahā ratiḥ 54

Mahābhogā mah'aiśvaryā mahāvīryā mahābalā
mahābuddhir mahāsiddhir mahāyog'eśvar'eśvarī 55

Mahātantrā mahāmantrā mahāyantrā mahāsanā
mahāyāga kram'ārādhyā mahā bhairava pūjitā 56

Maheśvara mahākalpa mahātāṇḍava sākṣiṇī
mahākāmeśa mahiṣī mahātripura sundarī 57

Catuḥ ṣaṣṭyupacārāḍhyā catuṣ ṣaṣṭi kalāmayī
mahācatuḥ ṣaṣṭikoṭi yoginī gaṇasevitā 58

Manuvidyā candravidyā candramaṇḍala madhyagā
cārurūpā cāruhāsā cārucandra kalādharā 59

Carācara jagannāthā cakrarāja niketanā
pārvatī padmanayanā padmarāga samaprabhā 60

Pañcapretāsanāsīnā pañca brahma svarūpiṇī
cinmayī paramānandā vijñāna ghana rūpiṇī 61

Dhyāna dhyātṛ dhyeyarūpā dharmādharma vivarjitā
viśva rūpā jāgariṇī svapantī taijasātmikā 62

Suptā prājñātmikā turyā sarvāvasthā vivarjitā
sṛṣṭikartrī brahmarūpā goptrī govindarūpiṇī 63

Samhāriṇī rudrarūpā tirodhānakarīśvarī
sadāśivā' nugrahadā pañca kṛtyaparāyaṇā 64

Bhānumaṇḍala madhyasthā bhairavī bhagamālinī
padm'āsanā bhagavatī padma nābha sahodarī 65

Unmeṣa nimiṣ'otpanna vipanna bhuvanāvalī
sahasra śīrṣa vadanā sahasrākṣī sahasrapāt 66

Ābrahma kīṭa jananī varṇāśrama vidhāyinī
nij'ājñā rūpa nigamā puṇy'āpuṇya phala pradā **67**

Śruti sīmanta sindūrī kṛta pādābja dhūlikā
sakal'āgama sandoha śukti sampuṭa mauktikā **68**

Puruṣārtha pradā pūrṇā bhoginī bhuvaneśvarī
ambik'ānādi nidhanā hari brahm'endra sevitā **69**

Nārāyaṇī nādarūpā nāmarūpa vivarjitā
hrīṅkārī hrīmatī hṛdyā hey'opādeya varjitā **70**

Rāja rāj'ārcitā rājñī ramyā rājīva locanā
rañjanī ramaṇī rasyā raṇat kiṅkiṇi mekhalā **71**

Ramā rākendu vadanā ratirūpā ratipriyā
rakṣākarī rākṣasaghnī rāmā ramaṇa lampaṭā **72**

Kāmyā kāmakalārūpā kadamba kusuma priyā
kalyāṇī jagatī kandā karuṇā rasa sāgarā 73

Kalāvatī kalālāpā kāntā kādambarī priyā
varadā vāmanayanā vāruṇī mada vihvalā 74

Viśvādhikā vedavedyā vindh'yācala nivāsinī
vidhātrī vedajananī viṣṇumāyā vilāsinī 75

Kṣetrasvarūpā kṣetreśī kṣetra kṣetrajña pālinī
kṣayavṛddhi vinirmuktā kṣetrapāla samarcitā 76

Vijayā vimalā vandyā vandāru jana vatsalā
vāgvādinī vāmakeśī vahni maṇḍala vāsinī 77

Bhaktimat kalpalatikā paśu pāśa vimocinī
samhṛt'āśeṣa pāṣaṇḍā sadācāra pravartikā 78

Tāpa tray'āgni santapta sam'āhlādana candrikā
taruṇī tāpas'ārādhyā tanu madhyā tamopahā **79**

Citis tatpada lakṣy'ārthā cid'ekarasa rūpiṇī
svātm'ānanda lavībhūta brahm'ādy'ānanda santatiḥ **80**

Parā pratyak citīrūpā paśyantī para devatā
madhyamā vaikharī rūpā bhakta mānasa hamsikā **81**

Kāmeśvara prāṇanāḍī kṛtajñā kāmapūjitā
śṛṅgāra rasa sampūrṇā jayā jālandharasthitā **82**

Oḍyāṇa pīṭha nilayā bindu maṇḍala vāsinī
raho yāga kram'ārādhyā rahas tarpaṇa tarpitā **83**

Sadyaḥ prasādinī viśva sākṣiṇī sākṣi varjitā
ṣaḍ aṅga devatā yuktā ṣāḍ guṇya paripūritā **84**

Nitya klinnā nirupamā nirvāṇa sukha dāyinī
nityā ṣoḍaśikā rūpā śrīkaṇṭhārdha śarīriṇī 85

Prabhāvatī prabhārūpā prasiddhā param'eśvarī
mūla prakṛtir avyaktā vyakt'ā vyakta svarūpiṇī 86

Vyāpinī vividh'ākārā vidy'āvidyā svarūpiṇī
mahā kāmeśa nayana kumud'āhlāda kaumudī 87

Bhakta hārda tamo bheda bhānumad bhānu santatiḥ
śiva dūtī śivārādhyā śivamūrtiḥ śivaṁ karī 88

Śivapriyā śivaparā śiṣṭeṣṭā śiṣṭapūjitā
aprameyā sva prakāśā mano vācām agocarā 89

Cicchaktiś cetanā rūpā jaḍaśaktir jaḍātmikā
gāyatrī vyāhṛtiḥ sandhyā dvijavṛnda niṣevitā 90

Tattv'āsanā tatvamayī pañca koś'āntara sthitā
niḥsīma mahimā nitya yauvanā mada śālinī **91**

Mada ghūrṇita raktākṣī mada pāṭala gaṇḍa bhūḥ
candana drava digdhāṅgī cāmpeya kusuma priyā **92**

Kuśalā komal'ākārā kurukullā kuleśvarī
kula kuṇḍ'ālayā kaula mārga tatpara sevitā **93**

Kumāra gaṇa nāth'āmbā tuṣṭiḥ puṣṭir matir dhṛtiḥ
śāntiḥ svastimatī kāntir nandinī vighna nāśinī **94**

Tejovatī trinayanā lolākṣī kāmarūpiṇī
mālinī haṁsinī mātā malayācala vāsinī **95**

Sumukhī nalinī subhrūḥ śobhanā suranāyikā
kālakaṇṭhī kāntimatī kṣobiṇī sūkṣma rūpiṇī **96**

Vajr'eśvarī vāmadevī vay'ovasthā vivarjitā
siddh'eśvarī siddha vidyā siddha mātā yaśasvinī 97

Viśuddhi cakra nilay'āraktavarṇā tri'locanā
khaṭvāṅgādi praharaṇā vadan'aika samanvitā 98

Pāyasānna priyā tvaksthā paśuloka bhayaṅkarī
amṛtādi mahāśakti saṁvṛtā ḍākin'īśvarī 99

Anāhatābja nilayā śyāmābhā vadanadvayā
damṣṭr'ojjval'ākṣa mālādi dharā rudhira samsthitā 100

Kāla rātryādi śakty'augha vṛtā snigdh'audana priyā
mahā vīrendra varadā rākiṇyambā svarūpinī 101

Maṇipūr'ābja nilayā vadanatraya samyutā
vajrādik'āyudhopetā ḍāmaryādibhir āvṛtā 102

**Rakta varṇā māṁsa niṣṭhā guḍānna prīta mānasā
samasta bhakta sukhadā lākiny'ambā svarūpiṇī 103**

**Svādhiṣṭhān'āmbuja gatā catur vaktra manoharā
śūl'ādy'āyudha sampannā pītavarṇ'ātigarvitā 104**

**Medo niṣṭhā madhu prītā bandhiny'ādi samanvitā
dadhy'an n'āsakta hṛdayā kākinī rūpa dhāriṇī 105**

**Mūlādhār'āmbuj'ārūḍhā pañca vaktr'āsthi samsthitā
aṅkuśādi praharaṇā varadādi niṣevitā 106**

**Mudg'audan'āsakta cittā sākiny'ambā svarūpiṇī
ājñā cakrābja nilayā śukla varṇā ṣad ānanā 107**

**Majjā samsthā hamsavatī mukhya śakti samanvitā
haridrān'n aika rasikā hākinī rūpa dhāriṇī 108**

Sahasra dala padmasthā sarva varṇ'opa śobhitā
sarv'āyudha dharā śukla samsthitā sarvatomukhī **109**

Sarvaudana prītacittā yākiny'ambā svarūpiṇī
svāhā svadh'ā matir medhā śruti smṛtir anuttamā **110**

Puṇya kīrtiḥ puṇya labhyā puṇya śravaṇa kīrtanā
pulomaj'ārcitā bandha mocanī barbarālakā **111**

Vimarśa rūpiṇī vidyā viyad ādi jagat prasūḥ
sarva vyādhi praśamanī sarva mṛtyu nivāriṇī **112**

Agragaṇy'ācintya rūpā kali kalmaṣa nāśinī
kātyāyanī kālahantrī kamalākṣa niṣevitā **113**

Tāmbūla pūrita mukhī dāḍimī kusuma prabhā
mṛgākṣī mohinī mukhyā mṛḍānī mitra rūpiṇī **114**

Nitya tṛptā bhakta nidhir niyantrī nikhileśvarī
maitry'ādi vāsanālabhyā mahā pralaya sākṣiṇī 115

Parāśaktiḥ parāniṣṭhā prajñāna ghana rūpiṇī
mādhvī pān'ālasā mattā mātṛkā varṇa rūpiṇī 116

Mahākailāsa nilayā mṛṇāla mṛdu dorlatā
mahanīyā dayāmūrtir mahā sāṁrājya sālinī 117

Ātmavidyā mahāvidyā śrīvidyā kāma sevitā
śrī ṣoḍaś'ākṣarī vidyā trikūṭā kāma koṭikā 118

Kaṭākṣa kiṅkarī bhūta kamalā koṭi sevitā
siraḥsthitā candra nibhā bhālasth'endra dhanuḥ prabhā 119

Hṛdayasthā ravi prakhyā trikoṇ'āntara dīpikā
dākṣāyaṇī daitya hantrī dakṣa yajña vināśinī 120

Darāndolita dīrghākṣī dara hā'sojjvalan mukhī
guru mūrtir guṇanidhir gomātā guha janma bhūḥ 121

Deveśī daṇḍa nītisthā dahar'ākāśa rūpiṇī
pratipan mukhya rākānta tithi maṇḍala pūjitā 122

Kal'ātmikā kalā nāthā kāvy'ālāpa vinodinī
sacāmara ramā vāṇī savya dakṣiṇa sevitā 123

Ādiśaktir'amey'ātmā paramā pāvanākṛtiḥ
aneka koṭi brahmāṇḍa jananī divya vigrahā 124

Klīṁkārī kevalā guhyā kaivalya pada dāyinī
tripurā trijagad vandyā trimūrtir tridaśeśvarī 125

Tryakṣarī divya gandhāḍhyā sindūra tilakāñcitā
umā śailendra tanayā gaurī gandharva sevitā 126

Viśva garbhā svarṇa garbhā'varadā vāg adhīśvarī
dhyānagamyā'paricchedyā jñānadā jñāna vigrahā 127

Sarva vedānta saṁvedyā saty'ānanda svarūpiṇī
lopāmudr'ārcitā līlā'kḷpta brahmāṇḍa maṇḍalā 128

Adṛśyā dṛśya rahitā vijñātrī vedya varjitā
yoginī yogadā yogyā yog'ānandā yugandharā 129

Icchāśakti jñānaśakti kriyāśakti svarūpiṇī
sarvādhārā supratiṣṭhā sad asad rūpa dhāriṇī 130

Aṣṭamūrtir ajājaitrī lokayātrā vidhāyinī
ekākinī bhūmarūpā nirdvaitā dvaita varjitā 131

Annadā vasudā vṛddhā brahm'ātmaikya svarūpiṇī
bṛhatī brahmāṇī brāhmī brahm'ānandā balipriyā 132

Bhāṣārūpā bṛhat senā bhāv ābhāva vivarjitā
sukh'ārādhyā śubhakarī śobhanā sulabhā gatiḥ **133**

Rāja rājeśvarī rājya dāyinī rājya vallabhā
rājat kṛpā rāja pīṭha niveśita nijāśritā **134**

Rājyalakṣmīḥ kośanāthā caturaṅga baleśvarī
sāmrājya dāyinī satyasandhā sāgaramekhalā **135**

Dīkṣitā daity'aśamanī sarva loka vaśaṅkarī
sarvārtha dātrī sāvitrī sac cidānanda rūpiṇī **136**

Deśa kālāparic chinnā sarvagā sarva mohinī
sarasvatī śāstramayī guhāmbā guhya'rūpiṇī **137**

Sarv'opādhi vinirmuktā sadāśiva pativratā
sampradāy'eśvarī sādhvī guru maṇḍala rūpiṇī **138**

Kulottīrṇā bhag'ārādhyā māyā madhumatī mahī
gaṇ'āmbā guhyak'ārādhyā komal'āṅgī gurupriyā **139**

Svatantrā sarva tantreśī dakṣinā mūrti rūpiṇī
sanakādi sam'ārādhyā śivajñāna pradāyinī **140**

Citkal ānanda kalikā premarūpā priyaṅkarī
nāma pārāyaṇa prītā nandividyā naṭeśvarī **141**

Mithyā jagad adhiṣṭhānā muktidā muktirūpiṇī
lāsyapriyā layakarī lajjā rambhādi vanditā **142**

Bhava dāva sudhā vṛṣṭiḥ pāp'āraṇya davānalā
daurbhāgya tūlavātūlā jarā dhvāntara viprabhā **143**

Bhāgy'ābdhi candrikā bhakta citta keki ghanāghanā
roga parvata dambholir mṛtyu dāru kuṭhārikā **144**

Maheśvarī mahākālī mahāgrāsā mahāśanā
aparṇā caṇḍikā caṇḍa muṇḍāsura niṣūdinī 145

Kṣar'ākṣar'ātmikā sarva lokeśī viśva dhārinī
trivarga dātrī subhagā tryambakā triguṇ'ātmikā 146

Svarg'ā pavarga dā śuddhā japā puṣpa nibhākṛtiḥ
ojovatī dyuti dharā yajña rūpā priyavratā 147

Dur'ārādhyā dur'ādharṣā pāṭalī kusuma priyā
mahatī meru nilayā mandāra kusuma priyā 148

Vīr'ārādhyā virāḍ rūpā viraja viśvato mukhī
pratyag rūpā parākāśā prāṇadā prāṇa rūpiṇī 149

Mārtaṇḍa bhairav'ārādhyā mantriṇī nyasta rājya dhūḥ
tripureśī jayatsenā nistraiguṇyā parāparā 150

Satya'jñ'ānānanda rūpā sāmarasya parāyaṇā
kapardinī kalāmālā kāmadhuk kāma rūpiṇī **151**

Kalā nidhiḥ kāvya kalā rasajñā rasa śevadhiḥ
puṣṭā purātanā pūjyā puṣkarā puṣkar'ekṣaṇā **152**

Param jyotiḥ param dhāma param'āṇuḥ parāt parā
pāśa hastā pāśa hantrī para mantra vibhedinī **153**

Mūrt'amūrt'ānitya tṛptā muni mānasa hamsikā
satyavratā satyarūpā sarv'āntaryāminī satī **154**

Brahmāṇī brahma jananī bahu rūpā budh'ārcitā
prasavitrī pracaṇḍājñā pratiṣṭhā prakaṭākṛtiḥ **155**

Prāṇeśvarī prāṇa dātrī pañcāśat pīṭha rūpiṇī
viśṛṅkhalā viviktasthā vīra mātā viyat prasūḥ **156**

Mukundā mukti nilayā mūla vigraha rūpiṇī
bhāvajñā bhava rogaghnī bhava cakra pravartinī 157

Chandaḥ sārā śāstra sārā mantra sārā talodarī
udāra kīrtir uddāma vaibhavā varṇarūpiṇī 158

Janma mṛtyu jarā tapta jana viśrānti dāyinī
sarv'opaniṣad udghuṣṭā śānty'atīta kalātmikā 159

Gambhīrā gaganāntaḥsthā garvitā gānalolupā
kalpanā rahitā kāṣṭh'ākāntā kānt ārdha vigrahā 160

Kārya kāraṇa nirmuktā kāmakeli taramgitā
kanat kanaka tāṭaṅkā līlā vigraha dhāriṇī 161

Ajā kṣaya vinirmuktā mugdhā kṣipra prasādinī
antar mukha samārādhyā bahir mukha sudurlabhā 162

Trayī trivarga nilayā tristhā tripura mālinī
nirāmayā nirālambā svātm'ārāmā sudhās'ṛtiḥ 163

Samsāra paṅka nirmagna samuddharaṇa paṇḍitā
yajñapriyā yajñakartrī yajamāna svarūpiṇī 164

Dharmādhārā dhan'ādhyakṣā dhana dhānya vivardhinī
vipra priyā vipra rūpā viśva bhramaṇa kāriṇī 165

Viśva grāsā vidrum'ābhā vaiṣṇavī viṣṇu rūpiṇī
ayonir yoni nilayā kūṭasthā kularūpiṇī 166

Vīragoṣṭhī priyā vīrā naiṣkarmyā nādarūpiṇī
vijñāna kalanā kalyā vidagdhā baindav'āsanā 167

Tattvādhikā tattvamayī tattvamartha svarūpiṇī
sāmagāna priyā somyā sadāśiva kuṭumbinī 168

Savy’āpasavya mārgasthā sarv’āpad vinivāriṇī
svasthā svabhāva madhurā dhīrā dhīra samarcitā 169

Caitany’ārghya samārādhyā caitanya kusuma priyā
sad oditā sadā tuṣṭā taruṇ āditya pāṭalā 170

Dakṣiṇā dakṣiṇārādhyā darasmera mukhāmbujā
kaulinī keva’lānarghya kaivalya pada dāyinī 171

Stotra priyā stutimatī śruti samstuta vaibhavā
manasvinī mānavatī maheśī maṅgal’ākṛtiḥ 172

Viśvamātā jagad dhātrī viśālākṣī virāgiṇī
pragalbhā param’odārā parāmodā manomayī 173

Vyomakeśī vimānasthā vajriṇī vāmakeśvarī
pañca yajña priyā pañca preta mañc’ādhiśāyinī 174

Pañcamī pañcabhūteśī pañca saṅkhyopacāriṇī
śāśvatī śāśvat aiśvaryā śarmadā śambhu mohinī 175

Dharā dhara sutā dhanyā dharmiṇī dharma vardhinī
lok'ātītā guṇ'ātītā sarv'ātītā śam'ātmikā 176

Bandhūka kusuma prakhyā bālā līlā vinodinī
sumaṅgalī sukhakarī suveṣāḍhyā suvāsinī 177

Suvāsinyarcana prītā' śobhanā śuddha'mānasā
bindu tarpaṇa santuṣṭā pūrvajā tripur'āmbikā 178

Daśamudrā samārādhyā tripurāśrī vaśaṅkarī
jñāna mudrā jñāna gamyā jñāna jñeya svarūpiṇī 179

Yonimudrā trikhaṇḍeśī triguṇ'āmbā trikoṇagā
anagh'ādbhuta cāritrā vāñchitārtha pradāyinī 180

Abhyās ātiśaya jñātā ṣaḍadhv'ātīta rūpiṇī
avyāja karuṇā mūrtir ajñāna dhvānta dīpikā 181

Ābāla gopa viditā sarv'ānullaṅghya śāsanā
śrīcakrarāja nilayā śrīmat tripurasundarī 182

Śrī śivā śiva śaktyaikya rūpiṇī lalit'āmbikā

Iti śrī brahmāṇḍapurāṇe uttarakaṇḍe śrī hayagrīvāgastya samvāde
śri lalitāsahasranāma stotra kathanam sampūrṇam

Śrī Lalitā Triśatī Stotra

1. Om kakāra rūpāyai namaḥ
Ô Toi qui as la forme de la lettre *« ka »*, je Te rends hommage. (Cette lettre est la première du *pañchadasākṣhari mantra* [mantra de 15 syllabes] et représente la lumière).

2. Om kalyāṇyai namaḥ
Ô Toi qui es propice, je Te rends hommage.

3. Om kalyāṇa guṇa śāliṇyai namaḥ
Ô Toi qui incarnes toutes les vertus, je Te rends hommage.

4. Om kalyāṇa śaila nilayāyai namaḥ
Ô Toi qui demeures dans les montagnes propices (Himalaya), je Te rends hommage.

5. Om kamanīyāyai namaḥ
Ô Toi qu'il faut désirer (comme le Bien ultime), je Te rends hommage.

6. Om kalāvatyai namaḥ
Ô Toi qui maîtrises tous les arts, je Te rends hommage.

7. Om kamalākṣyai namaḥ
Ô Toi dont les yeux ont la forme des pétales de lotus, je Te rends hommage.

8. Om kanmaṣa ghnyai namaḥ
Ô Toi qui détruis les impuretés, je Te rends hommage.

9. Om karuṇāmṛta sāgarāyai namaḥ
Ô Toi, Océan de compassion, Nectar de l'immortalité, je Te rends hommage.

10. Om kadamba kānanā vāsāyai namaḥ
Ô Toi qui résides dans la forêt d'arbres *kadamba* (un arbre aux fleurs bleues), je Te rends hommage.

11. Om kadamba kusuma priyāyai namaḥ
Ô Toi qui aimes les fleurs de l'arbre *kadamba*, je Te rends hommage.

12. Oṃ kandarpa vidyāyai namaḥ

Ô Toi, l'Incarnation du *kāma shastra* (traité sur le désir sensuel), je Te rends hommage.

13. Oṃ kandarpa janakāpāṅga vīkṣaṇāyai namaḥ

Ô Déesse qui, d'un regard, exprime cette connaissance, je Te rends hommage.

14. Oṃ karpūra vīṭi saurabhya kallolita kakuptaṭāyai namaḥ

Ô Toi qui mâches un mélange de feuille de bétel, de camphre et d'autres ingrédients qui parfument Ton haleine, je Te rends hommage.

15. Oṃ kali doṣa harāyai namaḥ

Ô Toi qui détruis les effets néfastes du *kali yuga*, je Te rends hommage.

16. Oṃ kañja locanāyai namaḥ

Ô Toi dont les yeux ont la forme des pétales de lotus, je Te rends hommage.

17. Oṃ kamra vigrahāyai namaḥ

Ô Toi dont la forme est désirable (comme le bien suprême), je Te rends hommage.

18. Om karmādi sākṣiṇyai namaḥ

Ô Toi, le Témoin de nos actions, de nos pensées et de nos paroles, je Te rends hommage.

19. Om kārayitryaī namaḥ

Ô Toi qui es à l'origine de toutes nos actions, je Te rends hommage.

20. Om karma phala pradāyai namaḥ

Ô Toi qui nous donnes le fruit de nos actes, je Te rends hommage.

21. Om ekāra rūpāyai namaḥ

Ô Toi, la lettre *« e »*, je Te rends hommage. (Cette lettre symbolise la vérité suprême, Brahman. C'est aussi la seconde lettre du *pañcadasākṣari mantra*)

22. Om ekākṣaryai namaḥ

Ô Toi, la syllabe unique (Om), je Te rends hommage.

23. Om ekānekākṣarā kṛtāyai namaḥ

Ô Toi qui manifestes la syllabe unique (Om) ainsi que toutes les autres lettres, je Te rends hommage.

24. Oṃ etat tadityanirdeśyāyai namaḥ

Ô Toi, que l'on ne peut désigner comme “Ceci” ou “Cela”, je Te rends hommage.

25. Oṃ ekānanda cidākṛtayai namaḥ

Ô Béatitude de la conscience non-duelle, je Te rends hommage.

26. Oṃ evam ityāgamābodhyāyai namaḥ

Ô Toi que les Védas ne peuvent décrire, je Te rends hommage.

27. Oṃ eka bhaktimad arcitāyai namaḥ

Ô Toi que l'on vénère avec une dévotion absolue, je Te rends hommage.

28. Oṃ ekāgra citta nirdhyātāyai namaḥ

Ô Toi sur qui l'on peut méditer quand l'esprit est parfaitement concentré, je Te rends hommage.

29. Oṃ eṣaṇā rahitā dṛtāyai namaḥ

Ô Refuge de ceux qui ont renoncé à tous les désirs liés au monde, je Te rends hommage.

30. Om elā sugandhi cikurāyai namaḥ
Ô Déesse dont les cheveux embaument la cardamome, je Te rends hommage.

31. Om enaḥ kūṭa vināśinyai namaḥ
Ô Toi qui détruis des montagnes d'impuretés, je Te rends hommage.

32. Om eka bhogāyai namaḥ
Ô Toi qui n'as qu'une seule expérience (celle du Soi), je Te rends hommage.

33. Om eka rasāyai namaḥ
Ô Toi qui en essence es une, je Te rends hommage.

34. Om ekaiśvarya pradāyinyai namaḥ
Ô Toi qui donnes ce qui est réellement propice, je Te rends hommage.

35. Om ekātapatra sāmrājya pradāyai namaḥ
Ô Toi, seule Souveraine de l'univers, je Te rends hommage.

36. Om ekānta pūjitāyai namaḥ
Ô Toi que l'on vénère avec un esprit parfaitement concentré, je Te rends hommage.

37. Om edhamāna prabhāyai namaḥ

Ô Toi dont la brillance est sans égale, je Te rends hommage.

38. Om ekad aneka jagadīśvaryai namaḥ

Ô Déesse souveraine de cet univers qui inclut l'unité et la diversité, je Te rends hommage.

39. Om eka vīrādi samsevyāyai namaḥ

Ô Déesse que vénèrent les guerriers valeureux, je Te rends hommage.

40. Om eka prābhava śālinyai namaḥ

Ô Toi qui manifestes une grande puissance, je Te rends hommage.

41. Om īkāra rūpāyai namaḥ

Ô Toi, la lettre *« i »*, je Te rends hommage. (Cette lettre représente *shakti*, l'énergie qui permet le mouvement. C'est aussi la troisième lettre du *pañcadasākṣari mantra*)

42. Om īśitryai namaḥ

Ô Toi qui règnes sur tout, je Te rends hommage.

43. Om īpsitārtha pradāyinyai namaḥ

Ô Toi qui nous accordes ce que nous désirons, je Te rends hommage.

44. Om īdṛgityavinird eśyāyai namaḥ

Ô Toi que l'on ne peut décrire par des attributs, je Te rends hommage.

45. Om īśvaratva vidhāyinyai namaḥ

Ô Toi qui donnes à Brahman l'impulsion de créer, de préserver et de détruire, je Te rends hommage.

46. Om īśānādi brahma mayyai namaḥ

Ô Toi qui prends la forme de cinq dieux : Brahma, Viṣhnu, Rudra, Iśha et Sadashiva, je Te rends hommage.

47. Om īśitvādyaṣṭa siddhidāyai namaḥ

Ô Toi qui accordes les huit pouvoirs surnaturels, je Te rends hommage.

48. Om īkṣitryai namaḥ

Ô Toi qui vois tout, je Te rends hommage.

49. Om īkṣaṇa sṛṣṭāṇḍa koṭyai namaḥ

Ô Devi qui, d'un seul regard, crée des millions de galaxies, je Te rends hommage.

50. Om īśvara vallabhāyai namaḥ

Ô Bien-aimée de Shiva, je Te rends hommage.

51. Om īḍitāyai namaḥ

Ô Déesse que célèbrent les livres sacrés (les Védas, les Puranas, etc.), je Te rends hommage.

52. Om īśvarārdhāṅga śarīrāyai namaḥ

Ô Toi dont le corps est la moitié de celui de Shiva, je Te rends hommage.

53. Om īśādhi devatāyai namaḥ

Ô Déesse supérieure à Shiva Lui-même, je Te rends hommage.

54. Om īśvara preraṇa karyai namaḥ

Ô Toi qui incites Shiva à agir (créer, etc.), je Te rends hommage.

55. Om īśa tāṇḍava sākṣiṇyai namaḥ

Ô Déesse, Témoin de la danse cosmique de Shiva, je Te rends hommage.

56. Om īśvarotsaṅga nilayāyai namaḥ

Ô Déesse toujours unie à Shiva, je Te rends hommage.

57. Om īti bādhā vināśinyai namaḥ

Ô Toi qui détruis toutes les afflictions, je Te rends hommage.

58. Om īhā virahitāyai namaḥ

Ô Déesse, libre de tout désir, je Te rends hommage.

59. Om īśa śaktyai namaḥ

Ô Toi, la *shakti* (énergie) de Shiva, je Te rends hommage.

60. Om īṣat smitānanāyai namaḥ

Ô Déesse au tendre sourire, je Te rends hommage.

61. Om lakāra rūpāyai namaḥ

Ô Toi, la lettre *« la »*, je Te rends hommage. (Cette lettre exprime la vibration qui engendre la sagesse, la quatrième lettre du *pañcadasākṣari mantra*)

62. Oṃ lalitāyai namaḥ

Ô Lalita, Toi qui résides dans la simplicité, je Te rends hommage.

63. Oṃ lakṣmī vāṇī niṣevitāyai namaḥ

Ô Déesse que servent Lakshmi (Déesse de la prospérité) et Sarasvati (Déesse de la sagesse), je Te rends hommage.

64. Oṃ lākinyai namaḥ

Ô Toi qu'il est facile d'approcher, je Te rends hommage.

65. Oṃ lalanā rūpāyai namaḥ

Ô Toi, la Déesse présente en toute femme, je Te rends hommage.

66. Oṃ lasad dāḍima pāṭalāyai namaḥ

Ô Toi dont la peau a la couleur d'une fleur de grenade épanouie, je Te rends hommage.

67. Oṃ lasantikā lasat phālāyai namaḥ

Ô Toi dont le front brille, paré d'un magnifique *tilaka* (point), je Te rends hommage.

68. Om lalāṭa nayanārcitāyai namaḥ
Ô Déesse que vénèrent les yogis qui possèdent la sagesse de l'éveil, je Te rends hommage.

69. Om lakṣaṇojjvala divyāṅgyai namaḥ
Ô Toi dont les membres présentent toutes les caractéristiques propices, je Te rends hommage.

70. Om lakṣa koṭyaṇḍa nāyikāyai namaḥ
Ô Toi qui gouvernes des milliards de galaxies, je Te rends hommage.

71. Om lakṣyārthāyai namaḥ
Ô Toi qui es l'expérience intérieure que proclament tous les Védas, je Te rends hommage.

72. Om lakṣaṇāgamyāyai namaḥ
Ô Toi qui es indéterminée, je Te rends hommage.

73. Om labdhakāmāyai namaḥ
Ô Toi dont les désirs sont exaucés, je Te rends hommage.

74. Oṃ latātanave namah

Ô Déesse dont le corps a la finesse d'une liane, je Te rends hommage.

75. Oṃ lalāmarā jadalikāyai namaḥ

Ô Toi qui portes sur le front un *tilaka* de musc, je Te rends hommage.

76. Oṃ lambi muktā latāñcitāyai namaḥ

Ô Toi dont le cou est orné d'une perle, je Te rends hommage.

77. Oṃ lambodara prasave namaḥ

Ô Mère de Ganesh, je Te rends hommage.

78. Oṃ labhyāyai namaḥ

Ô Toi que l'on peut réaliser, je Te rends hommage.

79. Oṃ lajjāḍhyāyai namaḥ

Ô Toi qui es la retenue même, je Te rends hommage.

80. Oṃ laya varjitāyai namaḥ

Ô Toi l'Indestructible, je Te rends hommage.

81. Om hrīmkāra rūpāyai namaḥ

Ô Toi, la syllabe sacrée *« hrīm »*, je Te rends hommage. (Cinquième lettre du *pañcadasākṣari mantra*)

82. Om hrīmkāra nilayāyai namaḥ

Ô Toi qui résides dans la syllabe sacrée *« hrīm »*, je Te rends hommage.

83. Om hrīm pada priyāyai namaḥ

Ô Toi qui aimes le mantra *« hrīm »*, je Te rends hommage.

84. Om hrīmkāra bījāyai namaḥ

Ô Toi qui es la graine du son *« hrīm »*, je Te rends hommage.

85. Om hrīmkāra mantrāyai namaḥ

Ô Toi dont le mantra est le son *« hrīm »*, je Te rends hommage.

86. Om hrīmkāra lakṣaṇāyai namaḥ

Ô Toi que symbolise le son *« hrīm »*, je Te rends hommage.

87. Om hrīmkāra japa suprītāyai namaḥ

Ô Toi qui aimes la répétition *(japa)* du mantra *« hrīm »*, je Te rends hommage.

88. Oṃ hrīmatyai namaḥ
Ô Toi qui es réservée, je Te rends hommage.

89. Oṃ hrīm vibhūṣaṇāyai namaḥ
Ô Toi dont la parure est le son « *hrīm* », je Te rends hommage.

90. Oṃ hrīm śīlāyai namaḥ
Ô Toi qui manifestes le son « *hrīm* », je Te rends hommage.

91. Oṃ hrīm padārādhyāyai namaḥ
Ô Toi que l'on vénère par le son « *hrīm* », je Te rends hommage.

92. Oṃ hrīm garbhāyai namaḥ
Ô Source de « *hrīm* », je Te rends hommage.

93. Oṃ hrīm padābidhāyai namaḥ
Ô Toi que l'on connaît grâce au son « *hrīm* », je Te rends hommage.

94. Oṃ hrīmkāra vācyāyai namaḥ
Ô Déesse désignée par le son « *hrīm* », je Te rends hommage.

95. Om hrīmkāra pūjyāyai namaḥ

Ô Devi, Toi que l'on doit vénérer grâce au son « *hrīm* », je Te rends hommage.

96. Om hrīmkāra pīṭhikāyai namaḥ

Ô Toi qui es le Fondement de « *hrīm* », je Te rends hommage.

97. Om hrīmkāra vedyāyai namaḥ

Ô Devi, Toi que l'on peut connaître grâce à « *hrīm* », je Te rends hommage.

98. Om hrīmkāra cintyāyai namaḥ

Ô Déesse à qui l'on peut penser à travers « *hrīm* », je Te rends hommage.

99. Om hrīm namaḥ

Ô « *hrīm* », je Te rends hommage.

100. Om hrīm śarīriṇyai namaḥ

Ô Toi dont le corps est « *hrīm* », je Te rends hommage.

101. Om hakāra rūpāyai namaḥ

Ô Toi, la lettre « *ha* », je Te rends hommage. (Ce son symbolise la vaillance qui tue les ennemis ; sixième lettre du *pañcadasākṣari mantra*)

102. Om hala dhṛt pūjitāyai namaḥ
Ô Déesse que vénère Balarama (le frère aîné de Krishna), je Te rends hommage.

103. Om hariṇekṣaṇāyai namaḥ
Ô Déesse aux yeux de biche, je Te rends hommage.

104. Om hara priyāyai namaḥ
Ô Bien-aimée de Shiva (Hara), je Te rends hommage.

105. Om harārādhyāyai namaḥ
Ô Toi que Shiva (Hara) adore, je Te rends hommage.

106. Om hari brahmendra vanditāyai namaḥ
Ô Déesse devant qui se prosternent Vishnu, Brahma et Indra, je Te rends hommage.

107. Om hayā rūḍhā sevitāṅghryai namaḥ
Ô Devi, vénérée par les cavaliers, je Te rends hommage.

108. Om hayamedha samarcitāyai namaḥ

Ô Déesse que l'on adore par le sacrifice de l'*ashwamedha* (sacrifice du cheval), je Te rends hommage.

109. Om haryakṣa vāhanāyai namaḥ

Ô Toi qui chevauches un lion (la déesse Durga), je Te rends hommage.

110. Om hamsa vāhanāyai namaḥ

Ô Toi qui chevauches un cygne (la déesse Sarasvati), je Te rends hommage.

111. Om hata dānavāyai namaḥ

Ô Toi qui as tué les démons, je Te rends hommage.

112. Om hatyādi pāpa śamanyai namaḥ

Ô Toi qui effaces des fautes aussi graves que le meurtre, je Te rends hommage.

113. Om harid aśvādi sevitāyai namaḥ

Ô Déesse que vénèrent Indra et les autres, je Te rends hommage.

114. Om hasti kumbhottuṅga kucāyai namaḥ

Ô Devi dont les seins se dressent comme le front de l'éléphant, je Te rends hommage.

115. Om hasti kṛtti priyāṅganāyai namaḥ

Ô Bien-aimée de Celui qui est vêtu d'une peau d'éléphant (Shiva), je Te rends hommage.

116. Om haridrā kumkumā digdhāyai namaḥ

Ô Déesse au corps parfumé de poudre de curcuma et de safran, je Te rends hommage.

117. Om haryaśvādya marārcitāyai namaḥ

Ô Déesse que vénèrent les dieux tels qu'Indra, je Te rends hommage.

118. Om harikeśa sakhyai namaḥ

Ô Devi, l'amie de Shiva, je Te rends hommage.

119. Om hādi vidyāyai namaḥ

Ô Toi qui es la science du *pañcadasākṣari mantra* (mantra de 15 syllabes), je Te rends hommage.

120. Om hālā madollāsāyai namaḥ

Ô Toi qui es ivre de la liqueur issue du barattage de l'océan de lait, je Te rends hommage.

121. Om sakāra rūpāyai namaḥ

Ô Toi, la lettre « *sa* », je Te rends hommage. (Ce son symbolise la richesse matérielle et les plaisirs ; septième lettre du *pañcadasākṣari mantra*)

122. Om sarvajñāyai namaḥ

Ô Déesse omnisciente, je Te rends hommage.

123. Om sarveśyai namaḥ

Ô Souveraine de tout, je Te rends hommage.

124. Om sarva maṅgalāyai namaḥ

Ô Déesse toujours propice, je Te rends hommage.

125. Om sarva kartryai namaḥ

Ô Toi qui accomplis toutes les actions, je Te rends hommage.

126. Om sarva bhartryai namaḥ

Ô Toi qui protèges tout, je Te rends hommage.

127. Om sarva hantryai namaḥ

Ô Toi qui détruis tout, je Te rends hommage.

128. Om sanātanāyai namaḥ
Ô Toi, l'Éternelle, je Te rends hommage.

129. Om sarvānavadyāyai namaḥ
Ô Toi qui es sans défaut, je Te rends hommage.

130. Om sarvāṅga sundaryai namaḥ
Ô Toi dont la forme est d'une beauté parfaite, je Te rends hommage.

131. Om sarva sākṣiṇyai namaḥ
Ô Témoin universel, je Te rends hommage.

132. Om sarvātmikāyai namaḥ
Ô Essence de toute chose, je Te rends hommage.

133. Om sarva saukhya dātryai namaḥ
Ô Devi, Toi qui accordes tous les bonheurs, je Te rends hommage.

134. Om sarva vimohinyai namaḥ
Ô Toi qui plonges tous les êtres dans l'illusion, je Te rends hommage.

135. Om sarvādhārāyai namaḥ
Ô Substrat de toute chose, je Te rends hommage.

136. Om sarva gatāyai namaḥ
Ô Déesse présente en tout, je Te rends hommage.

137. Om sarva viguṇa varjitāyai namaḥ
Ô Toi qui es sans défaut, je Te rends hommage.

138. Om sarvāruṇāyai namaḥ
Ô Déesse au teint légèrement rouge, je Te rends hommage.

139. Om sarva mātre namaḥ
Ô Mère de tous, je Te rends hommage.

140. Om sarva bhūṣaṇa bhūṣitāyai namaḥ
Ô Déesse parée de tous les ornements, je Te rends hommage.

141. Om kakārārthāyai namaḥ
Ô Toi, la signification de la lettre *« ka »*, je Te rends hommage. (Cette lettre représente la lumière ; huitième lettre du *pañcadasākṣari mantra*)

142. Om kāla hantryai namaḥ

Ô Déesse qui anéantit la mort, je Te rends hommage.

143. Om kāmeṣyai namaḥ

Ô Souveraine de tous les désirs, je Te rends hommage.

144. Om kāmitārthadāyai namaḥ

Ô Devi, Toi qui accordes ce qui est désiré, je Te rends hommage.

145. Om kāma sañjīvanyai namaḥ

Ô Déesse qui a redonné vie au dieu de l'amour sensuel (Kama), je Te rends hommage.

146. Om kalyāyai namaḥ

Ô Devi, Toi qui as le pouvoir de créer, je Te rends hommage.

147. Om kaṭhina stana maṇḍalāyai namaḥ

Ô Déesse aux seins fermes, je Te rends hommage.

148. Om kara bhorave namaḥ

Ô Déesse dont les cuisses évoquent la trompe d'un éléphant, je Te rends hommage.

149. Om kalā nāthā mukhyai namaḥ

Ô Déesse au visage pareil à la pleine lune, je Te rends hommage.

150. Om kaca jitāmbudāyai namaḥ

Ô Toi dont la chevelure ressemble à un nuage sombre, je Te rends hommage.

151. Om kaṭākṣa syandi karuṇāyai namaḥ

Ô Déesse au regard débordant de compassion, je Te rends hommage.

152. Om kapāli prāṇanāyikāyai namaḥ

Ô Toi, l'Épouse du dieu Shiva, je Te rends hommage.

153. Om kāruṇya vigrahāyai namaḥ

Ô Personnification de la compassion, je Te rends hommage.

154. Om kāntāyai namaḥ

Ô Toi qui es si belle, je Te rends hommage.

155. Om kānti bhūta japāvalyai namaḥ

Ô Toi qui as l'éclat de la fleur d'hibiscus, je Te rends hommage.

156. Om kalālāpāyai namaḥ

Ô Toi qui t'adonnes à tous les arts, je Te rends hommage.

157. Om kambu kaṇṭhyai namaḥ

Ô Toi dont le cou plissé évoque les spirales d'un coquillage, je Te rends hommage.

158. Om kara nirjita pallavāyai namaḥ

Ô Toi dont les mains sont plus douces que les tendres bourgeons de feuilles, je Te rends hommage.

159. Om kalpa vallī sama bhujāyai namaḥ

Ô Toi dont les bras évoquent des lianes et exaucent tous les désirs, je Te rends hommage.

160. Om kastūri tilakāñcitāyai namaḥ

Ô Déesse qui porte un point de musc entre les sourcils, je Te rends hommage.

161. Om hakārārthāyai namaḥ

Ô Toi, la signification de la lettre « *ha* », je Te rends hommage. (Cette lettre symbolise la richesse, la valeur, etc. ; neuvième lettre du *pañcadasākṣari mantra*)

162. Om hamsa gatyai namaḥ

Ô Déesse qui se meut avec l'élégance d'un cygne, je Te rends hommage.

163. Om hāṭakābharaṇojjvalāyai namaḥ

Ô Devi, Toi qui resplendis, parée de bijoux en or, je Te rends hommage.

164. Om hāra hāri kucā bhogāyai namaḥ

Ô Toi dont la poitrine est ornée de guirlandes magnifiques, je Te rends hommage.

165. Om hākinyai namaḥ

Ô Déesse qui brise tous les liens, je Te rends hommage.

166. Om halya varjitāyai namaḥ

Ô Toi dont le caractère est sans défaut, je Te rends hommage.

167. Om haritpati samārādhyāyai namaḥ

Ô Toi que vénèrent les huit dieux qui gardent les directions de l'espace *(dig palakas)*, je Te rends hommage.

168. Om haṭhātkāra hatāsurāyai namaḥ

Ô Déesse dont la vaillance a rapidement triomphé des démons *(asuras)*, je Te rends hommage.

169. Om harṣa pradāyai namaḥ

Ô Déesse qui donne le bonheur, je Te rends hommage.

170. Om havir bhoktryai namaḥ

Ô Toi qui reçois les offrandes données en sacrifice au feu, je Te rends hommage.

171. Om hārda santamas āpahāyai namaḥ

Ô Devi, Toi qui illumines le cœur et mets fin aux ténèbres, je Te rends hommage.

172. Om hallīsa lāsya santuṣṭāyai namaḥ

Ô Toi que réjouit la danse appelée *rasa lila*, je Te rends hommage.

173. Om hamsa mantrārtha rūpiṇyai namaḥ

Ô Toi, la signification du mantra « *hamsa* », je Te rends hommage. (‘*So ham*’, ‘je suis Lui’)

174. Om hānopādāna vinirmuktāyai namaḥ
Ô Déesse qui n’a rien à gagner ni à perdre, je Te rends hommage.

175. Om harṣiṇyai namaḥ
Ô Toi que tout enchante, je Te rends hommage.

176. Om hari sodaryai namaḥ
Ô Sœur du dieu Vishnu (Hari), je Te rends hommage.

177. Om hāhā hūhū mukha stutyāyai namaḥ
Ô Toi dont les êtres célestes appelés Haha et Huhu chantent les louanges, je Te rends hommage.

178. Om hāni vṛddhi vivārjitāyai namaḥ
Ô Toi qui es au-delà de la destruction et de la croissance, je Te rends hommage.

179. Om hayyaṅgavīna hṛdayāyai namaḥ
Ô Devi, Toi dont le cœur fond comme du beurre, je Te rends hommage.

180. Om harigopāruṇāmśukāyai namaḥ
Ô Toi qui es de couleur rouge, je Te rends hommage.

181. Om lakārākhyāyai namaḥ
Ô Toi, la lettre « *la* », je Te rends hommage. (Dixième lettre du *pañcadasākṣari mantra*)

182. Om latā pūjyāyai namaḥ
Ô Toi que vénèrent les femmes chastes, je Te rends hommage.

183. Om laya sthityut bhav eśvaryai namaḥ
Ô Déesse qui préside à la dissolution, à la préservation et à la manifestation de l'univers, je Te rends hommage.

184. Om lāsya darśana santuṣṭāyai namaḥ
Ô Toi que charme le spectacle des danses, je Te rends hommage.

185. Om lābhālābha vivarjitāyai namaḥ
Ô Toi pour qui n'existent ni perte ni profit, je Te rends hommage.

186. Om laṅghyetarājñāyai namaḥ

Ô Déesse qui n'obéit pas aux ordres d'autrui, je Te rends hommage.

187. Om lāvaṇya śalinyai namaḥ

Ô Déesse à la beauté sans pareille, je Te rends hommage.

188. Om laghu siddhidāyai namaḥ

Ô Toi qui accordes facilement le succès, je Te rends hommage.

189. Om lākṣā rasa savarṇābhāyai namaḥ

Ô Toi qui resplendis, violette comme le jus de la plante *lākṣā* (une plante de couleur indigo), je Te rends hommage.

190. Om lakṣmaṇāgraja pūjitāyai namaḥ

Ô Déesse que vénérait Sri Rama, le frère aîné de Lakshman, je Te rends hommage.

191. Om labhyetarāyai namaḥ

Ô Toi que l'on peut réaliser, je Te rends hommage.

192. Om labdha bhakti sulabhāyai namaḥ

Ô Déesse que l'on atteint aisément grâce à la dévotion *(bhakti)*, je Te rends hommage.

193. Om lāṅgalāyudhāyai namaḥ

Ô Toi dont l'arme est une charrue (quand tu prends la forme d'Adisesha), je Te rends hommage.

194. Om lagna cāmara hasta śrī śāradā parivījitāyai namaḥ

Ô Toi que servent les déesses Lakshmi et Sarasvati, je Te rends hommage.

195. Om lajjāpada samārādhyāyai namaḥ

Ô Déesse que vénèrent les humbles, je Te rends hommage.

196. Om lampaṭāyai namaḥ

Ô Déesse proéminente, je Te rends hommage.

197. Om lakuleśvaryai namaḥ

Ô Souveraine des êtres célestes, je Te rends hommage.

198. Om labdha mānāyai namaḥ

Ô Déesse que tous célèbrent, je Te rends hommage.

199. Om labdha rasāyai namaḥ
Ô Toi qui es parvenue à la béatitude ultime, je Te rends hommage.

200. Om labdha sampat samunnatyai namaḥ
Ô Toi qui es à l'apogée de la richesse, je Te rends hommage.

201. Om hrīmkāriṇyai namaḥ
Ô Toi, le son *« hrīm »*, je Te rends hommage. (Onzième lettre du *pañcadasākṣari mantra*)

202. Om hrīmkārādyāyai namaḥ
Ô Toi, l'Origine du son *« hrīm »*, je Te rends hommage.

203. Om hrīm madhyāyai namaḥ
Ô Toi, le centre de *« hrīm »*, je Te rends hommage.

204. Om hrīm śikhāmaṇyai namaḥ
Ô Toi qui portes *« hrīm »* comme ornement de Ta chevelure, je Te rends hommage.

205. Om hrīmkāra kuṇḍāgni śikhāyai namaḥ

Ô Devi, Tu es la flamme du foyer *(homa kundam)* appelé « *hrīm* », je Te rends hommage.

206. Om hrīmkāra śaśi candrikāyai namaḥ

Ô Devi, Tu es les rayons ambrosiaques de la Lune appelée « *hrīm* », je Te rends hommage.

207. Om hrīmkāra bhāskara rucyai namaḥ

Ô Devi, Tu es les rayons de béatitude qu'émet le Soleil appelé « *hrīm* », je Te rends hommage.

208. Om hrīmkārāmboda cañcalāyai namaḥ

Ô Devi, Tu es l'éclair dans les nuages noirs de « *hrīm* », je Te rends hommage.

209. Om hrīmkāra kandāmkurikāyai namaḥ

Ô Devi, si « *hrīm* » est la Lune, Tu en es la Lumière, je Te rends hommage.

210. Om hrīmkāraika parāyaṇāyai namaḥ

Ô Toi qui reposes uniquement sur « *hrīm* », je Te rends hommage.

211. Om hrīmkāra dīrghikā hamsyai namaḥ

Ô Devi, Tu es le cygne qui s'ébat dans le canal appelé *« hrīm »*, je Te rends hommage.

212. Om hrīmkārodyāna kekinyai namaḥ

Ô Devi, Tu es la paonne qui joue dans le jardin appelé *« hrīm »*, je Te rends hommage.

213. Om hrīmkārāraṇya hariṇyai namaḥ

Ô Devi, Tu es la biche qui joue dans la forêt appelée *« hrīm »*, je Te rends hommage.

214. Om hrīmkārā lavā lavallyai namaḥ

Ô Devi, Tu es la liane ornementale dans le jardin appelé *« hrīm »*, je Te rends hommage.

215. Om hrīmkāra pañcara śukyai namaḥ

Ô Devi, Tu es le perroquet vert dans la cage appelée *« hrīm »*, je Te rends hommage.

216. Om hrīmkārāṅgaṇa dīpikāyai namaḥ

Ô Devi, Tu es la lampe qui brûle dans la cour appelée « *hrīm* », je Te rends hommage.

217. Om hrīmkāra kandarā simhyai namaḥ

Ô Devi, Toi la lionne qui habite la grotte appelée « *hrīm* », je Te rends hommage.

218. Om hrīmkārāmbhoja bṛṅgikāyai namaḥ

Ô Devi, Tu es l'insecte qui joue dans la fleur de lotus appelée « *hrīm* », je Te rends hommage.

219. Om hrīmkāra sumano mādhvyai namaḥ

Ô Devi, Tu es le miel de la fleur appelée « *hrīm* », je Te rends hommage.

220. Om hrīmkāra taru mañjaryai namaḥ

Ô Devi, Tu es le bouquet de fleurs dans l'arbre appelé « *hrīm* », je Te rends hommage.

221. Om sakārākhyāyai namaḥ

Ô Toi, la lettre « *sa* », je Te rends hommage. (Douzième lettre du *pañcadasākṣari mantra*)

222. Om samarasāyai namaḥ
Ô Déesse dont la béatitude est inaltérable, je Te rends hommage.

223. Om sakalāgama samstutāyai namaḥ
Ô Déesse que célèbrent tous les Védas, je Te rends hommage.

224. Om sarva vedānta tātparya bhūmyai namaḥ
Ô Toi en qui réside l'essence de tout le Védanta, je Te rends hommage.

225. Om sad asad āśrayāyai namaḥ
Ô Toi, le Fondement de ce qui est et de ce qui n'est pas, je Te rends hommage.

226. Om sakalāyai namaḥ
Ô Déesse qui est tout, je Te rends hommage.

227. Om saccidānandāyai namaḥ
Ô Existence, Conscience et Béatitude, je Te rends hommage.

228. Om sādhyāyai namaḥ
Ô Toi qui es le But, je Te rends hommage.

229. Om sad gati dāyinyai namaḥ
Ô Toi qui donnes le salut, je Te rends hommage.

230. Om sanakādi muni dhyeyāyai namaḥ
Ô Déesse sur qui méditent des sages tels que Sanaka, je Te rends hommage.

231. Om sadā śiva kuṭumbinyai namaḥ
Ô Épouse de Shiva, je Te rends hommage.

232. Om sakalādhiṣṭhāna rūpāyai namaḥ
Ô Substrat de toute chose, je Te rends hommage.

233. Om satya rūpāyai namaḥ
Ô Incarnation de la vérité, je Te rends hommage.

234. Om samā kṛtayai namaḥ
Ô Déesse au corps parfait, je Te rends hommage.

235. Om sarva prapañca nirmātryai namaḥ
Ô Architecte de l'univers, je Te rends hommage.

236. Om samānādhika varjitāyai namaḥ
Ô Toi que personne n'égale ni ne surpasse, je Te rends hommage.

237. Om sarvottuṅgāyai namaḥ
Ô Toi dont la grandeur est suprême, je Te rends hommage.

238. Om saṅga hīnāyai namaḥ
Ô Toi qui n'es attachée à rien, je Te rends hommage.

239. Om saguṇāyai namaḥ
Ô Déesse qui possède toutes les vertus, je Te rends hommage.

240. Om sakaleṣṭadāyai namaḥ
Ô Toi qui exauces tous les désirs, je Te rends hommage.

241. Om kakāriṇyai namaḥ
Ô Toi, la lettre *« ka »*, je Te rends hommage. (Treizième lettre du *pañcadasākṣari mantra*)

242. Om kāvya lolāyai namaḥ
Ô Toi que la poésie ravit, je Te rends hommage.

243. Om kāmeśvara manoharāyai namaḥ
Ô Toi qui captives l'esprit de Shiva, je Te rends hommage. (Kameshvara : celui qui est le maître du désir)

244. Om kāmeśvara prāṇa nāḍyai namaḥ
Ô Toi, le canal qu'emprunte le souffle vital de Shiva, je Te rends hommage.

245. Om kāmeśotsaṅga vāsinyai namaḥ
Ô Toi qui es assise sur le genou gauche de Shiva, je Te rends hommage.

246. Om kāmeśvarāliṅgitāṅgyai namaḥ
Ô Toi que Shiva étreint, je Te rends hommage.

247. Om kāmeśvara sukha pradāyai namaḥ
Ô Déesse qui fait le bonheur de Shiva, je Te rends hommage.

248. Om kāmeśvara praṇayinyai namaḥ
Ô Bien-aimée de Shiva, je Te rends hommage.

249. Om kāmeśvara vilāsinyai namaḥ
Tu es le jeu divin de Shiva, Ô Devi, je Te rends hommage.

250. Om kāmeśvara tapaḥ siddhyai namaḥ
Ô Déesse qui par l'ascèse a réalisé Shiva, je Te rends hommage.

251. Om kāmeśvara manaḥ priyāyai namaḥ
Ô Déesse qui charme le cœur de Shiva, je Te rends hommage.

252. Om kāmeśvara prāṇa nāthāyai namaḥ
Ô Toi qui régis le souffle vital de Shiva, je Te rends hommage.

253. Om kāmeśvara vimohinyai namaḥ
Ô Toi qui plonges Shiva dans l'illusion, je Te rends hommage.

254. Om kāmeśvara brahma vidyāyai namaḥ
Ô Toi qui es la Connaissance de Shiva (la connaissance de l'Absolu, Brahman), je Te rends hommage.

255. Om kāmeśvara gṛheśvaryai namaḥ
Ô Souveraine de la maison de Shiva, je Te rends hommage.

256. Om kāmeśvarāhlāda karyai namaḥ
Ô Toi qui rends Shiva suprêmement heureux, je Te rends hommage.

257. Om kāmeśvara maheśvaryai namaḥ
Ô Déesse de Shiva, je Te rends hommage.

258. Om kāmeśvaryai namaḥ
Ô Kameshvari, épouse de Shiva, je Te rends hommage.

259. Om kāma koṭi nilayāyai namaḥ
Ô Déesse qui demeure dans le temple *kāma kōṭi pīṭa* à Kāñchīpuram, je Te rends hommage.

260. Om kāṅkṣitārthadāyai namaḥ
Ô Toi qui exauces les désirs des dévots, je Te rends hommage.

261. Om lakāriṇyai namaḥ
Ô Toi, la lettre « *la* », je Te rends hommage. (Quatorzième lettre du *pañcadasākṣari mantra*)

262. Om labdha rūpāyai namaḥ
Ô Toi qui T'es manifestée dans une forme, je Te rends hommage.

263. Om labdha dhiyai namaḥ

Ô Déesse pleine de sagesse, je Te rends hommage.

264. Om labdha vāñchitāyai namaḥ

Ô Devi, Toi dont tous les désirs sont exaucés, je Te rends hommage.

265. Om labdha pāpa mano dūrāyai namaḥ

Ô Toi qui demeures loin des esprits impurs, je Te rends hommage.

266. Om labdhāhaṅkāra durgamāyai namaḥ

Ô Toi que les êtres remplis d'ego peuvent difficilement atteindre, je Te rends hommage.

267. Om labdha śaktyai namaḥ

Ô Toi qui as tous les pouvoirs, je Te rends hommage.

268. Om labdha dehāyai namaḥ

Ô Toi qui T'incarnes, je Te rends hommage.

269. Om labdhaiśvarya samunnatyai namaḥ

Ô Déesse qui possède toutes les gloires, je Te rends hommage.

270. Oṃ labdha vṛddhyai namaḥ
Ô Toi à qui appartient toute prospérité, je Te rends hommage.

271. Oṃ labdha līlāyai namaḥ
Ô Déesse qui joue une pièce de théâtre, je Te rends hommage.

272. Oṃ labdha yauvana śālinyai namaḥ
Ô Déesse à la jeunesse éternelle, je Te rends hommage.

273. Oṃ labdhātiśaya sarvāṅga saundaryāyai namaḥ
Ô Déesse à la stupéfiante beauté, je Te rends hommage.

274. Oṃ labdha vibhramāyai namaḥ
Ô Toi qui t'amuses à créer la confusion, je Te rends hommage.

275. Oṃ labdha rāgāyai namaḥ
Ô Toi qui es l'amour profane, je Te rends hommage.

276. Oṃ labdha pataye namaḥ
Ô Déesse qui a Shiva pour époux, je Te rends hommage.

277. Om labdha nānāgama sthityai namaḥ
Ô Déesse qui révèle tous les Védas, je Te rends hommage.

278. Om labdha bhogāyai namaḥ
Ô Toi qui es toutes les expériences, je Te rends hommage.

279. Om labdha sukhāyai namaḥ
Ô Déesse qui goûte le bonheur, je Te rends hommage.

280. Om labdha harṣābhi pūritāyai namaḥ
Ô Toi qui débordes de ravissement, je Te rends hommage.

281. Om hrīmkāra mūrtyai namaḥ
Ô Personnification du son *« hrīm »*, je Te rends hommage. (Quinzième et dernière lettre du *pañcadasākṣari mantra*)

282. Om hrīmkāra saudha śṛiṅga kapotikāyai namaḥ
Ô Devi, Tu es la colombe qui niche au sommet du palais appelé *« hrīm »*, je Te rends hommage.

283. Om hrīmkāra dugdhābdhi sudhāyai namaḥ

Ô Nectar que l'on obtient grâce au barattage de l'océan de lait qu'est « *hrīm* », je Te rends hommage.

284. Om hrīmkāra kamalendirāyai namaḥ

Ô Devi, Tu es la Déesse Lakshmi assise sur le lotus appelé « *hrīm* », je Te rends hommage.

285. Om hrīmkāra maṇi dīparcișe namaḥ

Ô Lumière de la lampe décorative appelée « *hrīm* », je Te rends hommage.

286. Om hrīmkāra taru śārikāyai namaḥ

Ô Devi, Tu es l'oiselle perchée sur l'arbre appelé « *hrīm* », je Te rends hommage.

287. Om hrīmkāra peṭaka maṇyai namaḥ

Ô Devi, Tu es la perle enclose dans la cassette appelée « *hrīm* », je Te rends hommage.

288. Om hrīmkārādarśa bimbitāyai namaḥ

Ô Devi, Tu es l'image reflétée dans le miroir appelé « *hrīm* », je Te rends hommage.

289. Om hrīmkāra kośāsilatāyai namaḥ

Ô Devi, Tu es l'épée étincelante dans le fourreau de « *hrīm* », je Te rends hommage.

290. Om hrīmkārāsthāna nartakyai namaḥ

Ô Devi, Tu es la danseuse qui virevolte sur la scène appelée « *hrīm* », je Te rends hommage.

291. Om hrīmkāra śuktikā muktāmaṇaye namaḥ

Ô Devi, Tu es la perle de l'huître appelée « *hrīm* », je Te rends hommage.

292. Om hrīmkāra bodhitāyai namaḥ

Ô Toi que l'on peut connaître grâce au son « *hrīm* », je Te rends hommage.

293. Om hrīmkāramaya sauvarṇa stambha vidruma putrikāyai namaḥ

Ô Devi, Tu es la statue de corail sur les piliers lumineux appelés « *hrīm* », je Te rends hommage.

294. Om hrīmkāra vedopaniṣade namaḥ

Ô Devi, Tu es l'Upanishad dans le Véda appelé « *hrīm* », je Te rends hommage.

295. Om hrīmkārā dhvara dakṣiṇāyai namaḥ
Ô Toi, la Divinité qui préside le lieu sacré où sont effectués les rituels, je Te rends hommage.

296. Om hrīmkāra nandanārāma nava kalpaka vallaryai namaḥ
Ô Toi, la jeune liane divine dans le jardin appelé *« hrīm »*, je Te rends hommage.

297. Om hrīmkāra himavad gaṅgāyai namaḥ
Ô Devi, Tu es le Gange dans l'Himalaya appelé *« hrīm »*, je Te rends hommage.

298. Om hrīmkārārṇava kaustubhāyai namaḥ
Ô Devi, Tu es la pierre précieuse née de l'océan appelé *« hrīm »*, je Te rends hommage.

299. Om hrīmkāra mantra sarvasvāyai namaḥ
Ô Toi, la totalité du mantra *« hrīm »*, je Te rends hommage.

300. Om hrīmkārapara saukhyadāyai namaḥ
Ô Toi qui donnes le bonheur infini de *« hrīm »*, je Te rends hommage.

Ārati

Hymne à Amma chanté pendant l'ārati
(l'offrande de camphre enflammé) suivie des prières finales

Om jaya jaya jagad jananī vande amṛtānandamayī
maṅgala ārati mātaḥ bhavāni amṛtānandamayī
mātā amṛtānandamayī /1

Gloire à la Mère de l'univers, hommage à Toi, Amritanandamayi. Mère Bhavani, voici pour Toi l'*arati* le plus propice.

jana mana nija śukhadāyini mātā amṛtānandamayī
maṅgala kāriṇi vande jananī amṛtānandamayī
mātā amṛtānandamayī /2

Nous adorons Celle qui donne le vrai bonheur aux gens, Celle qui ne donne que de bonnes choses.

Sakalāgama niga mādiṣu carite amṛtānandamayī
nikhilāmaya hara jananī vande amṛtānandamayī
mātā amṛtānandamayī /3

Tu es Celle que les Védas et les *Shastras* glorifient. Nous adorons Celle qui détruit le malheur.

prema rasāmṛta varṣini mātā amṛtānandamayī
prema bhakti sandāyini mātā amṛtānandamayī
mātā amṛtānandamayī /4

Toi qui répands le nectar de l'Amour, Tu donnes l'Amour inconditionnel.

śamadama dāyini manalaya kāriṇi amṛtānandamayī
satatam mama hṛdi vasatām devi amṛtānandamayī
mātā amṛtānandamayī /5

Toi qui donnes le contrôle intérieur et extérieur. Cause de la dissolution du mental, Ô Devi, je Te prie de toujours demeurer dans mon cœur.

Patitoddhāra nirantara hṛdaye amṛtānandamayī
paramahamsa pada nilaye devī amṛtānandamayī
mātā amṛtānandamayī /6

Tu n'as dans Ton cœur qu'un seul but : relever ceux qui sont tombés. Tu es établie dans l'état de Paramahamsa (être réalisé, uni au Divin).

he jananī jani maraṇa nivāriṇi amṛtānandamayī
he śrita jana paripālini jayatām amṛtānandamayī
mātā amṛtānandamayī /7

Ô Mère, Toi qui nous sauves du cycle des naissances et des morts, Toi qui protèges tous ceux qui cherchent Ta protection.

sura jana pūjita jaya jagadambā amṛtānandamayī
sahaja samādhi sudanye devī amṛtānandamayī
mātā amṛtānandamayī /8

Tu es l'Un adoré par les dieux, Tu es réalisée et établie dans le *sahaja samadhi*.

om jaya jaya jagad jananī vande amṛtānandamayī
maṅgala ārati mātaḥ bhavāni amṛtānandamayī
mātā amṛtānandamayī /9

Gloire à la Mère de l'univers, hommage à Toi, Amritanandamayi. Mère Bhavani, voici pour Toi l'*arati* le plus propice.

Jai bolo sadguru mātā amṛtānandamayī devī kī

(Leader) « Victoire au véritable maître Mata Amritanandamayi Devi ! »

Jai Victoire !

Bhagavad Gītā – chapitre 8

Récité à Amritapuri lors des rituels funéraires

Athāṣṭo'dhyāyaḥ akṣarabrahma yogaḥ

Huitième entretien : le yoga de l'impérissable Brahman

Arjuna uvāca

Arjuna dit :

Kim tad brahma kim adhyātmam/kim karma puruṣottama
adhibhūtam ca kim proktam/adhidaivam kim ucyate /1

Qu'est-ce que Brahman ? Qu'est-ce qu'*adhyatma* ? Qu'est-ce que l'action, ô meilleur des hommes ? Qu'est-ce qu'on appelle *adhibhuta* ? Et qu'est-ce qu'*adhidaiva* ?

Adhiyajñaḥ katham ko'tra/dehe'smin madhusūdana
prayāṇakāle ca katham/jñeyo'si niyatātmabhiḥ /2

Qui est *adhiyajna* (celui qui soutient les sacrifices) et comment est-il dans ce corps, ô destructeur de Madhu ? Comment, au moment de mourir, celui qui se maîtrise pourra-t-il Te connaître ?

Śrī Bhagavān uvāca

Le Seigneur béni dit :

Akṣaram brahma paramam/svabhāvo'dhyātmam ucyate
bhūta bhāvod bhava karo/visargaḥ karma saṁjñitaḥ /3

Brahman est l'impérissable, le Suprême. Sa nature essentielle est appelée connaissance du Soi. L'offrande (faite aux dieux) qui crée l'existence, la manifestation et le développement des êtres est appelée action.

Adhibhūtam kṣaro bhāvaḥ/puruṣaś cādhidaivatam
adhiyajño'ham evātra/dehe dehabhṛtām vara /4

Adhibhutam (connaissance des éléments) appartient à Ma nature périssable. Le *purusha* (l'âme) est *adhidaivam*. Moi, en ce corps, suis *adhiyajna*, ô toi, meilleur des âmes incarnées.

Antakāle ca māmeva/smaran muktvā kalevaram
yaḥ prayāti sa madbhāvam/yāti nāstyatra saṁśayaḥ /5

Et quiconque, à l'heure de sa mort, quitte son corps en ne se souvenant que de Moi, se fond en Moi au même instant. A cela, il n'y a aucun doute.

Yam yam vāpi smaran bhāvam/tyajatyante kalevaram
tam tam evaiti kaunteya/sadā tadbhāvabhāvitaḥ /6

Quiconque, à l'heure de la mort, pense à un être, atteint cet être-là et nul autre, ô fils de Kunti (Arjuna), parce que sa pensée est absorbée par cet être.

Tasmāt sarveṣu kāleṣu/mām anusmara yudhya ca
mayy arpita mano buddhir/mām evaiṣyasy asaṁśayaḥ /7

Souviens-toi donc exclusivement de Moi à chaque instant et combats ! Ton mental et ton intellect fixés sur Moi (absorbés en Moi), c'est à Moi seul que tu viendras. A cela, il n'y a aucun doute.

Abhyāsa yoga yuktena/cetasā nānya gāminā
paramam puruṣam divyam/yāti pārthānucintayan /8

Lorsque le mental ne vagabonde plus vers d'autres objets, lorsque la pratique d'une méditation régulière l'a stabilisé, l'homme, poursuivant sa méditation, atteint l'Être suprême et resplendissant, ô Arjuna.

Kavim purāṇam anuśāsitāram aṇor anīyāṁsam anusmared yaḥ
sarvasya dhātāram acintya rūpam āditya varṇam tamasaḥ parastāt /9

Quiconque médite sur l'Omniscient, l'Ancien, le Maître de tous les mondes, plus subtil que l'atome, soutien universel, inconcevable, resplendissant comme le Soleil, par-delà les ténèbres de l'ignorance,

Prayāṇa kāle manasācalena bhaktyā yukto yoga balena caiva
bhruvor madhye prāṇam āveśya saṁyak sa tam param puruṣam
upaiti divyam /10

à l'heure de la mort, le mental inébranlable, le cœur rempli d'adoration et fixant, par la puissance du *yoga*, la totalité de son énergie vitale *(prana)* entre les sourcils, celui-là atteint l'Être suprême et resplendissant.

Yad akṣaram vedavido vadanti/ viśanti yad yatayo vītarāgāḥ
yad icchanto brahmacaryam caranti/
tat te padam saṅgraheṇa pravakṣye /11

Ce que les connaisseurs des Védas affirment être l'Impérissable, ce que les hommes maîtres d'eux-mêmes (ascètes : *sannyasins*) ainsi que les hommes libérés de tout attachement parviennent à pénétrer – ce but unique, je vais maintenant te le décrire en quelques mots.

Sarva dvārāṇi saṁyamya/mano hṛdi nirudhya ca
mūrdhny ādhāyātmanaḥ prāṇam/āsthito yogadhāraṇām /12

Toutes portes (les sens) closes, le mental enfermé dans le cœur et l'énergie vitale fixée dans la tête, établi dans la pratique de la concentration,

Om ity ekākṣaram brahma/vyāharan mām anusmaran
yaḥ prayāti tyajan deham/sa yāti paramām gatim /13

celui qui part et quitte son corps en répétant la syllabe Om – qui est Brahman – et en pensant à Moi, atteint le but suprême.

Ananya cetāḥ satatam yo/mām smarati nityaśaḥ
tasyāham sulabhaḥ pārtha/nitya yuktasya yoginaḥ /14

Le yogi inébranlable qui, nuit et jour, ne pense qu'à Moi à l'exclusion de tout autre objet – et ce, pendant très longtemps – Ô Partha (Arjuna), M'atteint facilement.

Mām upetya punar janma/duḥkhālayam aśāśvatam
nāpnuvanti mahātmānaḥ/saṁsiddhim paramām gatāḥ /15

M'ayant atteint, ces grandes âmes ne renaissent plus dans ce monde éphémère où règne la douleur. Elles ont atteint la perfection suprême (la libération).

Ābrahma bhuvanāl lokāḥ/punar āvartino'rjuna
mām upetya tu kaunteya/punar janma na vidyate /16

Tous les mondes, y compris celui de Brahma, sont destinés à renaître, ô Arjuna. Mais celui qui M'atteint, ô fils de Kunti, ne renaîtra plus.

Sahasra yuga paryantam/ahar yad brahmaṇo viduḥ
rātrim yuga sahasrāntām/te'ho rātra vido janāḥ /17

Ceux qui connaissent le jour et la nuit de Brahma, qui durent chacun mille *yugas* (ères), connaissent la véritable mesure du jour et de la nuit.

Avyaktād vyaktayaḥ sarvāḥ/prabhavanty aharāgame
rātry āgame pralīyante/tatraivāvyakta sāṁjñake /18

Au lever du « jour », tous les mondes manifestés sortent du non-manifesté. À la tombée de la « nuit », ils se dissolvent, en vérité, en cela seul que l'on appelle le non-manifesté.

Bhūta grāmaḥ sa evāyam/bhūtvā bhūtvā pralīyate
rātry āgame'vaśaḥ pārtha/prabhavaty ahar āgame /19

Cette même multitude d'êtres qui naissent et renaissent sans arrêt, ô Arjuna, se dissout inéluctablement (dans le non-manifesté) lorsque vient la nuit pour réapparaître au lever du jour.

Paras tasmāt tu bhāvo'nyo/'vyakto'vyaktāt sanātanaḥ
yaḥ sa sarveṣu bhūteṣu/naśyatsu na vinaśyati /20

Mais au-delà de ce non-manifesté, existe, en vérité, un autre non-manifesté éternel qui n'est pas détruit lorsque toutes les créatures sont détruites.

Avyakto'kṣara ity uktas/tam āhuḥ paramām gatim
yam prāpya na nivartante/tad dhāma paramam mama /21

Ce que l'on appelle le Non-manifesté et l'Impérissable est le but suprême. Ceux qui l'atteignent ne reviennent plus (dans ce *samsara*). C'est Ma demeure suprême.

Puruṣaḥ sa paraḥ pārtha/bhaktyā labhyas tvananyayā
yasyāntaḥ sthāni bhūtāni/yena sarvam idam tatam /22

On atteint ce *purusha* suprême, ô Arjuna, en l'adorant à l'exclusion de tout autre objet, lui en qui tous les êtres demeurent et dont tout l'univers est imprégné.

Yatra kāle tvanāvṛttim/āvṛttim caiva yoginaḥ
prayātā yānti tam kālam/vakṣyāmi bharatarṣabha /23

A présent, je vais te dire, ô chef des Bharatas, à quelle époque les yogis partent pour revenir et à quelle époque ils partent pour ne plus revenir.

Agnir jyotir ahaḥ śuklaḥ/ṣaṇmāsā uttarāyaṇam
tatra prayātā gacchanti/brahma brahma vido janāḥ /24

Lorsque les hommes qui connaissent Brahman quittent leur corps au temps du feu, de la lumière et du jour, pendant la quinzaine claire de la lune et pendant les six mois de la marche du soleil vers le nord, ils s’en vont vers Brahman.

Dhūmo rātris tathā kṛṣṇaḥ/ṣaṇmāsā dakṣiṇāyanam
tatra cāndramasam jyotir/yogī prāpya nivartate /25

S’il atteint la lumière solaire, en pleine nuit, s’en allant dans la fumée pendant la quinzaine sombre du mois et pendant les six mois où le soleil s’achemine vers le sud (solstice méridional), le yogi revient.

Śuklakṛṣṇe gatī hyete/jagataḥ śāśvate mate
ekayā yāty anāvṛttim/anyayā’vartate punaḥ /26

Chemin de la lumière et chemin des ténèbres sont tous deux, en vérité, considérés comme les chemins éternels du monde ; par l'un (chemin de la lumière), on part pour ne plus jamais revenir ; par l'autre (chemin des ténèbres), on revient.

Naite sṛtī pārtha jānan/yogī muhyati kaśсana
tasmāt sarveṣu kāleṣu/yogayukto bhavārjuna /27

Connaissant ces deux chemins, ô Arjuna, aucun yogi ne peut se tromper. A tout moment, sois donc inébranlable dans le *yoga*.

Vadeṣu yajñeṣu tapaḥsu caiva dāneṣu yat puṇya phalam pradiṣṭam
atyeti tat sarvam idam viditvā yogī param sthānam upaiti cādyam /28

Le yogi transcende les fruits des mérites acquis par l'étude des Védas, l'accomplissement des sacrifices, la pratique des austérités et les offrandes parce qu'il connaît Cela. Il atteint la demeure suprême primordiale.

Om tat sat iti śrīmad bhagavadgītāsu
upaniṣadsu brahma vidyāyām

yoga śāstre śrī kṛṣṇārjuna saṁvāde
akṣarabrahma yogo nāmāṣṭo'dhyāyaḥ

Tel est, dans les Upanishads de la glorieuse Bhagavad Gita, la science de l'éternel, les Écritures du *yoga* et le dialogue entre Krishna et Arjuna, le huitième entretien intitulé : Le *yoga* de l'impérissable Brahman.

Om sarva dharmān parityajya mām ekam śaraṇam vraja
aham tvā sarva pāpebhyo mokṣayiṣyāmi mā śucaḥ (Ch. 18.66)

Renonce à tous les *dharmas* et prends refuge en Moi seul. Je te libèrerai de tout péché. Ne t'afflige pas.

Bhagavad Gītā – chapitre 15

Récité à Amritapuri avant les repas, suivi du Yagna mantra

om śrī gurubhyo namaḥ hari om

adha pañca daśo dhyayaḥ purusottama yogaḥ

Huitième entretien : le *yoga* de l'impérissable Brahman

śrī bhagavān uvāca

Le Seigneur bien-aimé dit :

ūrdhva mūlam adhaḥ śākham / aśvatthaṁ prāhur avyayam
chandāṁsi yasya parṇāni / yas taṁ veda sa veda vit /1

Les sages nous parlent de l'arbre cosmique du *samsara* dont les racines sont au-dessus et les branches au-dessous. On l'appelle l'*ashvattha* et ses feuilles sont les hymnes des Védas. Comme les feuilles protègent l'arbre, les Védas protègent le monde. Qui connaît cet *asvattha* cosmique connaît les Védas.

adhaś cordhvaṁ prasṛtās tasya /
śākhā guṇa pravṛddhā viṣaya pravālāḥ
adhaś ca mūlāny anusantatāni / karmānubandhīni manuṣya loke /2

L'arbre du *samsara* étend ses branches immenses partout, du monde de Brahman au-dessus au monde des hommes au-dessous, et se nourrit des qualités de la nature (les trois *gunas*). Les objets des sens en sont les bourgeons. Une partie de ses racines plonge aussi dans le monde des hommes, en relation avec le fruit de leurs actions.

na rūpam asyeha tathopalabhyate /
nānto na cādir na ca sampratiṣṭhā
aśvattham enaṁ su virūḍha mūlam /
asaṅga śastreṇa dṛḍhena chittvā /3

Mais ici, (dans le monde des hommes), nous ne percevons pas sa nature, ni son commencement ni sa fin ni comment il se maintient. Le voile que jette cet *ashvatta* aux profondes racines doit être déchiré par la puissante épée du détachement.

tataḥ padaṁ tat parimārgitavyaṁ /
yasmin gatā na nivartanti bhūyaḥ
tam eva cādyaṁ puruṣaṁ prapadye /
yataḥ pravṛttiḥ prasṛtā purāṇī /4

Après cela, il faut rechercher le suprême *Purusha*. Celui qui l'atteint ne revient plus dans ce monde de souffrance. En vérité, il atteint l'Être Suprême, le point d'origine de cette projection.

nirmāna mohā jita saṅga doṣā / adhyātma nityā vinivṛtta kāmāḥ
dvandvair vimuktāḥ sukha duḥkha saṁjñair /
gacchanty amūḍhāḥ padam avyayaṁ tat /5

Le sage s'est libéré de toutes les illusions et de l'ignorance. Il s'est délivré de toute conception erronée et de l'attachement aux objets des sens. Son mental est en permanence fixé sur son idéal spirituel, dépourvu de tout désir et totalement indifférent à la joie comme à la peine. Il atteint à coup sûr la béatitude suprême.

na tad bhāsayate sūryo /na śaśāṅko na pāvakaḥ
yad gatvā na nivartante /tad dhāma paramaṁ mama /6

Cela (la béatitude suprême) ne doit sa lumière ni au soleil ni à la lune ni au feu. Pour qui a atteint cet état, il n'est point de retour (dans le monde des sens). Sache que c'est Ma demeure.

mamaivāṁśo jīva loke / jīva bhūtaḥ sanātanaḥ
manaḥ ṣaṣṭhānīndriyāṇi / prakṛti sthāni karṣati /7

Depuis des temps immémoriaux, Je me manifeste sous forme du *jiva* (l'âme individuelle, ndt). Le *jiva* apparaît dans le monde manifesté et attire à lui les cinq sens de la perception ainsi que le mental (organe de cognition).

śarīraṁ yad avāpnoti / yac cāpy utkrāmatīśvaraḥ
gṛhītvaitāni saṁyāti / vāyur gandhān ivāśayāt /8

Comme le vent emporte d'une fleur le parfum, quand le *jiva* quitte le corps, il emporte toutes les impressions inscrites en lui.

śrotraṁ cakṣuḥ sparśanaṁ ca / rasanaṁ ghrāṇam eva ca
adhiṣṭhāya manaś cāyaṁ / viṣayān upasevate /9

Il appréhende les objets des sens par les cinq sens (organes de la perception), l'ouïe, la vue, le toucher, le goût, l'odorat, le mental étant le sixième (sens de la cognition).

utkrāmantaṁ sthitaṁ vāpi / bhuñjānaṁ vā guṇānvitam
vimūḍhā nānupaśyanti / paśyanti jñāna cakṣuṣaḥ /10

Ceux dont la vision est erronée ne peuvent voir la nature réelle du *jiva*, ni quand il quitte le corps ni quand il l'habite. Ils ne reconnaissent pas non plus le *jiva* comme énergie sous-jacente à chaque phénomène dans le monde composé des trois *gunas*. Ceux qui connaissent la véritable nature du *jiva* sont ceux qui ont développé le discernement, la clarté et l'acuité de leur perception.

atanto yoginaś cainaṁ paśyanty ātmany avasthitam
yatanto'py akṛtātmāno nainaṁ paśyanty acetasaḥ /11

om tat sat
iti śrīmad bhagavad gīta su upaniśad su
brahma vidyayam yoga śastre
śrī kṛṣṇārjuna samvade puruṣottama yogo nāma
pañcadaśo dhyayaḥ

om sarvadharmam parithyajjya / māmekam śaranam vraja
aham tva sarva papebhyo / mokshayiśāmi māsuśaḥ

Abandonne tous les *dharmas* et prends refuge en Moi seul, Je te délivrerai de tout péché et de tout mal, ne t'afflige point.

Yagna Mantra

Récité à Amritapuri avant les repas

brahmārpaṇaṁ brahma havir brahmāgnau brahmaṇā hutam
brahmaiva tena gantavyaṁ
brahma karma samādhinā
Oṁ śāntiḥ śāntiḥ śāntiḥ
Oṁ śrī gurubhyo namaḥ
harī Oṁ **Bhagavad Gītā, 4.24**

Offrir est Brahman, l'offrande est Brahman
Par Brahman, l'offrande est répandue dans le feu de Brahman
Ils atteindront véritablement Brahman ceux qui voient Brahman en toutes choses.

Guru Stotra

Hymne au Guru

Akhaṇḍamaṇḍalākaram/vyāptam yena carācaram
tatpadam darśitam yena/tasmai śrī gurave namaḥ /1

Salutations au guru qui révèle l'Essence suprême, sans divisions, l'Essence qui imprègne cet univers entier, composé d'êtres animés et inanimés.

Ajñāna timirāndhasya/jñānāñjana śalākayā
cakṣurunmīlitam yena/tasmai śrī gurave namaḥ /2

Salutations au guru qui nous sauve des ténèbres de l'ignorance et restaure en nous la vision de la Connaissance et de la Vérité.

Gururbrahmā gururviṣṇuḥ/gururdevo maheśvaraḥ
guru sākṣāt param brahma/tasmai śrī gurave namaḥ /3

Salutations au guru qui est Brahma, Vishnu et Shiva. Le guru est le Brahman suprême.

Sthāvaram jaṅgamam vyāptam/yatkiñcit sacarācaram
tatpadam darśitam yena/tasmai śrī gurave namaḥ /4

Salutations au guru qui révèle l'Essence de tous les êtres, qu'ils soient immobiles ou en mouvement, vivants ou morts.

Cinmayam vyāpiyat sarvam/trailokyam sacarācaram
tatpadam darśitam yena/tasmai śrī gurave namaḥ /5

Salutations au guru qui révèle la pure Intelligence habitant tous les êtres dans les trois mondes, qu'ils soient animés ou inanimés.

Sarva śruti śiroratna/virājita padāmbujaḥ
vedāntāmbuja sūryo yaḥ/tasmai śrī gurave namaḥ /6

Salutations au guru dont les pieds bénis portent les révélations des Écritures, ces purs joyaux. Le guru est le soleil qui fait s'épanouir la fleur de la Connaissance.

Caitanya śāśvata śānta/vyomātīto nirañjanaḥ
bindunādakalātītaḥ/tasmai śrī gurave namaḥ /7

Salutations au guru qui est l'Intelligence et l'Éternel, qui demeure dans la paix et la béatitude inaltérables au-delà de l'espace et du temps. Le guru est pur et transcende toutes les voix et les visions.

Jñānaśakti samārūḍhaḥ/tattvamālā vibhūṣitaḥ
bhukti mukti pradātā ca/tasmai śrī gurave namaḥ /8

Salutations au guru qui manie la puissance de la Connaissance, qui est paré d'une guirlande où sont enfilées les perles de la Vérité et qui accorde la prospérité et la libération.

Anekajanma samprāpta/karmabandha vidāhine
ātma jñānā pradānena/tasmai śrī gurave namaḥ /9

Salutations au guru qui révèle la lumière de la Connaissance et détruit ainsi le mauvais *karma* accumulé au cours d'innombrables vies.

Śoṣaṇam bhavasindhośca/jñāpanam sārasampadaḥ
guroḥ pādodakam samyak/tasmai śrī gurave namaḥ /10

Salutations au guru ! L'eau sanctifiée par le contact de ses pieds assèche l'océan de l'illusion et révèle le seul bonheur authentique.

Na guroradhikam tattvam/na guroradhikam tapaḥ
tattvajñānāt param nāsti/tasmai śrī gurave namaḥ /11

Il n'y a pas de vérité plus grande que le guru, il n'y a pas d'austérités plus grandes que le guru, il n'existe pas de connaissance supérieure à la sienne.

Mannāthaḥ śrī jagannāthaḥ/madguruḥ śrī jagadguruḥ
madātmā sarvabhūtātmā/tasmai śrī gurave namaḥ /12

Mon Seigneur est le Seigneur de l'univers, mon guru est le guru des trois mondes, mon Soi est le Soi présent en tous les êtres. Salutations au guru.

Gurur ādiranādiśca guruḥ/paramadaivatam
guroḥ parataram nāsti/tasmai śrī gurave namaḥ /13

Bien qu'il vive, il n'est jamais né. Le *satguru* est la Vérité suprême. Il est supérieur à tout ce qui existe dans l'univers. Salutations au guru.

Devī Bhujaṅgam

Ṣaḍādhāra paṅkeruhāntar virājat
suṣumnāntarāleti tejollasantīm
vibantīm sudhāmaṇḍalam drāvayantīm
sudha mūrti mīḍhe mahānanta rūpām /1

Je me prosterne devant la Personnification du nectar, devant la béatitude immortelle, l'éclat qui brille dans la *sushumna*, le canal d'énergie qui traverse les six *chakras* du corps. Je me prosterne devant Celle qui fait fondre la lune et boit sa lumière.

Jvalat koṭi bālārka bhāsāruṇāṅgīm
sulāvaṇyaśṛṅgāra śobhābhirāmām
mahāpatma kiñjalkamadhye virājat
trikoṇollasantīm bhaje śrī bhavānīm /2

Je chante la gloire de Bhavani qui réside dans le triangle (au centre du Sri Chakra, le diagramme *[yantra]* mystique), Celle qui brille dans les étamines du grand lotus, Celle qui a l'éclat de milliers de soleils levants, dont la beauté est immense et qui fascine l'univers entier par son charme.

Kvaṇal kiṅkiṇī nūvuro bhāsiranta
prabhālīḍha lākṣārdra pādāravindam
ajeśācyutādyais surais sevyamānām
mahādevi! manmūrdhni te bhāvayāmi /3

Ô grande Déesse, Tes pieds sont vénérés par Vishnu, Brahma et les autres dieux. Daigne les poser sur ma tête et ainsi me bénir. Tes chevilles sont ornées de petites clochettes tintinnabulantes faites de pierres précieuses qui se reflètent sur Tes ongles vernis.

Suśoṇāmbarā badhnī virājan
mahāratnakāñcīkalāpam nitambam
sphuraddakṣiṇāvartanābhiścatisro
valīramba! te romarājīm bhajeham /4

Je vénère la ligne de poils qui traverse Ton ventre, Ton nombril en forme de spirale tournant vers la gauche, Tes hanches vêtues de rouge et Ta taille ornée d'une ceinture en or avec de petites clochettes où sont sertis les plus beaux des joyaux.

Lasat vṛtta muttuṅga māṇikya kumbho
pama śrī stanadvantvam ambāmbujākṣi
bhaje dugdha pūrṇābhirāmam tvadīyam
mahā hāra dīptam sadā vismitāsyam /5

Je vénère Tes seins jumeaux dressés et débordants de lait, à la rondeur parfaite, comme un pot où sont enchâssées des pierres précieuses. Tes seins brillent toujours, pleins de lait. Ô Mère aux yeux de lotus !

Śirīṣa prasūnollasal bāhū daṇḍair
jjvalalbāṇakodaṇḍa pāśāmkuśāśca
calalkaṅkaṇoddāma keyūra bhūṣol
lasac chrīkarām bhojamābāhumīḍe /6

Je vénère Bhavani dont les bras, délicats comme la fleur du *sirisha*, étincellent et tiennent les flèches, l'arc, la corde et l'aiguillon. Ils brillent, parés de bracelets et de brassards.

Sunāsāpuṭam patma patrā yatākṣam
mukham devi bhakteṣ ṭada śrī kaṭākṣam
lalāṭ ojjvalat gandha kastūribhūṣ
ojjvalat pūrṇa candra prabham te bhajeham /7

Je vénère Bhavani, si charmante, qui rayonne comme la pleine lune d'automne ; la paix orne Son visage de lotus ; les pierres précieuses de Son collier et de Ses boucles d'oreilles scintillent.

Calal kuntalānubhramal bhṛṅgavṛndair
ghanastigdha dhammila bhūṣojjvalantīm
sphuran mauli māṇikya baddhendurekhā
vilāsollasad divya murdhānamīḍe /8

Je chante la beauté de Ta tête d'où émanent des rayons de lumière, ornée du croissant de lune. Ton crâne est paré d'une chaîne de pierres précieuses ; dans Ton épaisse chevelure, les essaims d'abeilles entrent, virevoltent et jouent. Tes cheveux sont décorés de guirlandes de jasmin.

Iti śrī bhavānī svarūpam tavaivam
prapañcāl parañ cāti sūkṣmam prasannam
sphuratvamba! ḍimbhasya me hṛt saroje
sadā vāṅmayam sarva tejo maya tvam /9

Ô Bhavani, Toi qui es bien au-delà de l'univers (le macrocosme), puisse Ta forme dans sa dimension microscopique illuminer le lotus de mon cœur. Puisse Ta forme lumineuse me bénir afin que je règne sur le trésor de la parole.

Gaṇeśāṇi mādyākhilaiś śakti vṛndaiḥ
Sphurat śrī mahā cakra rāje lasantīm
parām rājarājeśvarī traipurīm tvām
śivāṅkoparistham śivām tvam bhajeham /10

Je médite sur Toi, l'Épouse de Shiva, qui es assise sur Ses genoux, entourée des *shaktis* conduites par le dieu Ganesh. Tu es assise, lumineuse, sur le *chakra raja*. Tu es Tripura et Rajeshwari.

Tvam arkas tvam agnis tvam āpas tvam indus
tvam ākāśa bhūr vāyu sarvam tvameva
tvadanyam na kiṅcil prakāśosti sarvam
sadānanda saṁvitsvarūpam bhajeham /11

Je chante Ta gloire en tant que Connaissance et Béatitude, à qui nul n'est supérieur. Tu es le soleil, le feu, l'eau et la lune, Tu es l'éther, la terre et le vent, en vérité, Tu es tout, Tu es la grande Essence.

Śivas tvam gurus tvaṇca śaktis tvameva
tvamevāsi mātā pita ca tvameva
tvamevāsi vidyā tvamevāsi bandhur
gatiramme matirdevi sarvam tvameva /12

Tu es le dieu Shiva, Tu es mon Maître, Tu es la Déesse Shakti. Tu es ma Mère, Tu es mon Père, Tu es la Connaissance, Tu es ma famille et mon seul refuge, ma seule pensée. Je ne peux penser à rien d'autre qu'à Toi.

Śrutī nāmagamyam purāṇairagamyam
mahimnānu jānanti pāram tavātra
stutim kartumicchāmi te tvam bhavāni
kṣamasvaivam amba pramugdhaḥ kilāham /13

Bien que je ne sache rien de Ta grandeur, je souhaite chanter Tes louanges, Ô Bhavani. Tu possèdes la connaissance des Védas et des Agamas ; on ne peut T'atteindre par la simple étude des Écritures. Daigne donc me pardonner.

Śaraṇyai vareṇyai sukāruṇya pūrṇair
hiraṇyodarādyai ragaṇyais supūrṇaiḥ
bhavāraṇya bhītaśca mām pāhi bhadre
namaste namaste punaste namostu! /14

Salutations, salutations et salutations, Ô Bhavani. Tu es mon refuge, la faveur que je demande et l'incarnation de la miséricorde. Parmi tous les dieux, c'est Ta grandeur qui l'emporte. Ô Déesse sacrée, protège-moi du mirage de la vie.

Bhavānī bhavānī bhavānīti vaṇī
mudārāmudāram mudā ye bhajanti
na śoko na pāpo na rogo na mṛtyuḥ
kadācil kadacil kadacinnarāṇām /15

Répète trois fois le nom sacré de Bhavani, avec dévotion, répète-le éternellement et sois libéré à jamais du chagrin, des passions, des péchés et de la peur.

Idam śuddhacitto bhavānī bhujaṅgam
paṭhan buddhimān bhaktiyuktaśca tasmai
svakīyam padam śāśvatam vedasāram
śriyaṅceṣṭasiddhiśca devīdadāti /16

Quiconque lit avec dévotion ce grand hymne glorifiant Bhavani de la tête aux pieds obtiendra le salut éternel, l'essence des Védas, ainsi qu'une grande prospérité et les huit pouvoirs occultes.

Annapūrṇa Stotra

Hymne à la Mère nourricière

**Nityānandakarī varābhayakarī saundaryaratnākarī
nirdhūtākhila ghora pāpanikarī pratyakṣa māheśvarī
prāleyācala vamśa pāvanakarī kāśīpuraādhīśvarī
bhikṣām dehi kṛpāvalambanakarī mātānnapūrṇeśvarī /1**

Ô Mère Annapurneshwari, accorde-moi des aumônes, je T'en prie. Tu nous donnes aussi bien le bonheur éternel que Ta faveur et Ta protection. Grâce à Toi, nos peurs s'évanouissent. Tu nous laves de nos péchés et nous accordes ainsi la pureté intérieure. Ô grande Déesse, Tu as purifié la race d'Himavan. Souveraine de Kashi, Tu es l'incarnation de la miséricorde.

**Nānāratna vicitrabhūṣaṇakarī hemāmbarāḍambarī
mūktāhāra vilambamāna vilasadvakṣojakumbhāntarī
kāṣmīrā garuvāsitā rucikarī kāśīpurādhīśvarī
bhikṣām dehi kṛpāvalambanakarī mātānnapūrṇeśvarī /2**

Ô Mère Annapurneshwari, accorde-moi des aumônes, je T'en prie. Tes mains sont parées de bijoux et de joyaux, Tu es magnifiquement vêtue de drap d'or. Des colliers de perles reposent sur Ta poitrine et ornent Ta taille. De Toi émane le merveilleux parfum de l'encens du Cachemire. Souveraine de Kashi, Tu es l'incarnation de la miséricorde.

**Yogānandakarī ripukṣayakarī dharmaikaniṣṭhākarī
candrārkānalabhāsamānalaharī trailokyarakṣākarī
sarvaiśvarya karī tapaḥ phalakarī kāśīpurādhīśvarī
bhikṣām dehi kṛpāvalambanakarī mātānnapūrṇeśvarī /3**

Ô Mère Annapurneshwari, accorde-moi des aumônes, je T'en prie. Tu répands sur nous la béatitude du *yoga*. Par Ta grâce, nos ennemis périssent et nous suivons fermement la voie du *dharma*. Tu as l'éclat de la lune, du soleil et du feu. C'est Toi qui protèges les trois mondes. Tu es la source de toute prospérité et nous accordes le fruit de nos austérités. Souveraine de Kashi, Tu es l'incarnation de la miséricorde.

Kailāsācala kandarālayakarī gaurī umā śaṅkarī
kaumārī nigamārthagocarakarī omkārabījākṣarī
mokṣadvārakavāṭapāṭanakarī kāśīpurādhīśvarī
bhikṣām dehi kṛpāvalambanakarī mātānnapūrṇeśvarī /4

Ô Mère Annapurneshwari, accorde-moi des aumônes, je T'en prie. Tu résides dans les grottes du Mont Kailash, Ô Uma, Tu rayonnes d'une lumière dorée. Épouse de Shiva, dotée de la jeunesse éternelle, Tu dévoiles le sens profond des Védas. Incarnation du « Om », Tu nous ouvres la porte de la libération éternelle. Souveraine de Kashi, Tu es l'incarnation de la miséricorde.

Dṛśyādṛśya vibhūtivāhanakarī brahmāṇḍabhāṇḍodarī
līlānāṭaka sūtra bhedanakarī vijñānadīpāṅkurī
śrī viśveśāmanaḥ prasādakarī kāśīpurādhīśvarī
bhikṣām dehi kṛpāvalambanakarī mātānnapūrṇeśvarī /5

Ô Mère Annapurneshwari, accorde-moi des aumônes, je T'en prie. Tu répands sur nous des bénédictions visibles et invisibles. Le monde entier est contenu en Toi. Ce monde est une pièce de théâtre que Tu mets en scène. Tu es la flamme du flambeau de la sagesse. Tu charmes le Seigneur de l'univers. Souveraine de Kashi, Tu es l'incarnation de la miséricorde.

Urvīsarvajaneśvarī jayakarī mātākṛpāsāgarī
veṇīnīlasamānakuntaladharī nityānnadāneśvarī
sākṣānmokṣakarī sadā śubhakarī kāśīpurādhīśvarī
bhikṣām dehi kṛpāvalambanakarī mātānnapūrṇeśvarī /6

Ô Mère Annapurneshwari, accorde-moi des aumônes, je T'en prie. Tu es la Reine de ce monde. Tu répands sur tous Ton amour maternel,Tu assures le succès. Ô Océan de bonté dont les magnifiques cheveux bouclés sont nattés, Tu donnes à tous les êtres leurs moyens de subsistance. Tu accordes à tous le salut, chacun de Tes actes est propice. Souveraine de Kashi, Tu es l'incarnation de la miséricorde.

Ādikṣānta samasta varṇanakari śambhostri bhāvākarī
kāśmīrā tripureśvarī triṇayanī viśveśvarī śarvarī
kāmākāṅkṣakarī janodayakarī kāśīpurādhīśvarī
bhikṣām dehi kṛpāvalambanakarī mātānnapūrṇeśvarī /7

Ô Mère Annapurneshwari, accorde-moi des aumônes, je T'en prie. C'est Toi qui as inventé les lettres de l'alphabet. Tu diriges Shambu (Shiva) dans son triple rôle de créateur, préservateur et destructeur. Vêtue de safran, Épouse du Dieu aux trois yeux destructeurs de Tripura (i.e. Épouse de Shiva), Tu as la beauté de la nuit portée à la perfection ; Tu ouvres tout grand les portes du Ciel. Souveraine de Kashi, Tu es l'incarnation de la miséricorde.

Devī sarva vicitraratnaracitā dākṣāyaṇī sundarī
vāmā svādupayodharā priyakarī saubhāgya māheśvarī
bhaktābhīṣṭakarī sadā śubhakarī kāśīpurādhīśvarī
bhikṣām dehi kṛpāvalambanakarī mātānnapūrṇeśvarī /8

Ô Mère Annapurneshwari, accorde-moi des aumônes, je T'en prie. Ô Déesse lumineuse, parée de joyaux rares, charmante fille de Daksha, Tu possèdes des manières parfaites et de nobles vertus, ce qui est une bénédiction en soi. Tu ne cesses d'agir pour le bien du monde, Tu exauces les désirs de ceux qui T'ouvrent sincèrement leur cœur. Souveraine de Kashi, Tu es l'incarnation de la miséricorde.

Candrārkānalakoṭi koṭisadṛśī candrām śubimbādharī
candrārkāgni samāna kuṇḍaladharī candrārkavarṇeśvarī
mālāpustakapāśasāṅkuśadharī kāśīpurādhīśvarī
bhikṣām dehi kṛpāvalambanakarī mātānnapūrṇeśvarī /9

Ô Mère Annapurneshwari, accorde-moi des aumônes, je T'en prie. La splendeur de Ta forme dépasse celle de milliers de lunes, de soleils et de feux réunis. Tes lèvres sont pareilles à un fruit rare et succulent, elles sont aussi douces que le clair de lune. Ta beauté surpasse celle des orbes célestes. Tu tiens une guirlande, un livre, une corde et un aiguillon. Souveraine de Kashi, Tu es l'incarnation de la miséricorde.

Kṣatratrāṇakarī mahābhayakarī mātā kṛpāsāgarī
sarvānandakarī sadā śivakarī viśveśvarīśrīdharī
dakṣākrandakarī nirāmayakarī kāśīpurādhīśvarī
bhikṣām dehi kṛpāvalambanakarī mātānnapūrṇeśvarī /10

Ô Mère Annapurneshwari, accorde-moi des aumônes, je T'en prie. Tel un guerrier, Tu accordes Ta protection et dissipes ainsi toutes les peurs. Ô Mère, Océan de bonté, Tu donnes le bonheur à tous. Toi qui es propice, Tu maîtrises cet univers et détermines le destin. Tu as plongé Daksha Prajapati dans la détresse. Tu guéris tous les maux. Souveraine de Kashi, Tu es l'incarnation de la miséricorde.

Annapūrṇe sadāpūrṇe śaṅkaraprāṇavallabhe
jñānavairāgya siddhyartham bhikṣām dehi ca pārvati /11

Ô Annapurna, Tu es Plénitude éternelle. De Toi rayonne l'essence de la vie, jamais Tu n'es épuisée. Ô Épouse de Shankara, accorde-moi la grâce d'être pleinement établi dans la connaissance et le renoncement.

Mātā me pārvatī devi pitā devo maheśvaraḥ
bāndhavāḥ śivabhaktāśca svadeśo bhuvanatrayam /12

Parvati Devi est ma Mère divine et le dieu Maheshvara est mon Père. Ma famille inclut tous les adorateurs de Shiva ; ma terre natale, ce sont les trois mondes.

Prières et Mantras

asatomā sadgamaya
tamasomā jyotirgamaya
mṛtyormā amṛtamgamaya
oṁ śāntiḥ śāntiḥ śāntiḥ

Mène-nous
de l'illusion à la vérité,
des ténèbres vers la lumière
et de la mort à l'immortalité.
Om paix, paix, paix.

lokaḥ samastāḥ sukhino
bhavantu
oṁ śāntiḥ śāntiḥ śāntiḥ

Puissent tous les êtres dans tous
les mondes être heureux.
Om paix, paix, paix.

oṁ pūrnamadaḥ pūrnamidaṁ
pūrnāt pūrnamudacyate
pūrnasya pūrnamādāya
pūrnam evā vaśiśyate
oṁ śāntiḥ śāntiḥ śāntiḥ

—Iśavasya Upaniṣad

Cela est le Tout, ceci est le tout ;
A partir du Tout,
le Tout se manifeste ;
Quand on ôte le Tout du Tout,
le Tout demeure.
Om paix, paix, paix.

gururbrahmā gurur viṣṇuḥ
gururdevo maheśvaraḥ
guruḥ sākśat paraṁbrahma
tasmai śrīgurave namaḥ

Le Guru est Brahma, Vishnu
et Shiva.
Le Guru est l'Absolu.
Je me prosterne devant le Guru !

Guide pour la prononciation

Voyelles :

a	comme	**a**	dans **a**rmoire
ā	comme	**a**	plus long
i	comme	**i**	dans **I**talie
ī	comme	**i**	plus long
u	comme	**ou**	dans ch**ou**x
ū	comme	**ouu**	plus long
e	comme	**er**	dans lev**er**
ai	comme	**ai**	dans p**ai**lle
o	comme	**eau**	dans **beau**
		(**o** et **e** sont toujours longs en Sanskrit)	
au	comme	**ao**	dans cac**ao**
ṛ	comme	**r'**	dans **r'b**outeux

Consonnes :

k	comme	**k**	dans **k**ilogramme
kh	comme	**kh**	dans Ec**kh**art
g	comme	**g**	dans **g**arage
gh	comme	**gh**	dans di**g-h**ard
ṅ	comme	**n**	dans si**n**g
c	comme	**tch**	dans **ch**air
ch	comme	**tchh**	dans staun**ch-h**eart
j	comme	**dj**	dans **j**oy
jh	comme	**dge**	dans he**dge**hog
ñ	comme	**ny**	dans ca**ny**on

ṭ	comme	**t**	dans **t**ube	Le groupe de lettres avec des points en-dessous se prononce avec la pointe de la langue contre le palais.
ṭh	comme	**th**	dans ligh**th**ouse	
ḍ	comme	**d**	dans **d**ouleur	
ḍh	comme	**dh**	dans re**d-h**ot	
ṇ	comme	**n**	dans **n**avire	
t	comme	**t**	dans **t**ube	Ce groupe de lettres se prononce avec la pointe de la langue contre les dents.
th	comme	**th**	dans ligh**th**ouse	
d	comme	**d**	dans **d**ouleur	
dh	comme	**dh**	dans re**d-h**ot	
n	comme	**n**	dans **n**avire	
p	comme	**p**	dans **p**ain	
ph	comme	**ph**	dans u**p-h**ill	
b	comme	**b**	dans **b**ateau	

bh	comme	**bh**	dans ru**b-h**ard
m	comme	**m**	dans **m**ère
ṁ	un son nasal comme dans bo**n**		
ḥ	prononcer **aḥ** comme **aha**, **iḥ** comme **ihi, uḥ** comme **uhu**		
ṣ	comme	**ch**	dans **ch**ose
ś	comme	**s**	dans **s**prechen
s	comme	**s**	dans **s**i
h	comme	**h**	dans **h**ot
y	comme	**y**	dans **y**oga
r	un **r** roulé dans **R**oma, Mad**r**id		
l	comme	**l**	dans **l**ibre
v	comme	**w**	dans **w**agon

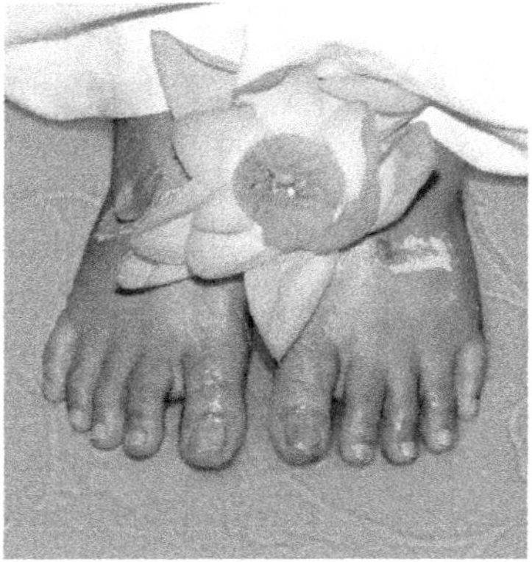

www.ingramcontent.com/pod-product-compliance
Lightning Source LLC
Chambersburg PA
CBHW051412090426
42737CB00014B/2636
9781680379143